OS ANOS BOLSONARO

CRÔNICAS DE TEMPOS SOMBRIOS

José Sócrates

Os anos Bolsonaro

crônicas de tempos sombrios

São Paulo
2023

Copyright © EDITORA CONTRACORRENTE
Alameda Itu, 852 | 1º andar |
CEP 01421 002
www.loja-editoracontracorrente.com.br
contato@editoracontracorrente.com.br

EDITORES
Camila Almeida Janela Valim
Gustavo Marinho de Carvalho
Rafael Valim
Walfrido Warde
Silvio Almeida

EQUIPE EDITORIAL
COORDENAÇÃO DE PROJETO **Juliana Daglio**
REVISÃO **Fernanda Zandoná**
PREPARAÇÃO DE TEXTO **Juliana Daglio**
REVISÃO TÉCNICA **Amanda Dorth**
CAPA & PROJETO GRÁFICO **Maikon Nery**
DIAGRAMAÇÃO **Pablo Madeira**

EQUIPE DE APOIO
Fabiana Celli
Carla Vasconcelos
Regina Gomes
Nathalia Oliveira

Dados Internacionais de Catalogação na Publicação (CIP)
(Câmara Brasileira do Livro, SP, Brasil)

Sócrates, José
    Os anos Bolsonaro : crônicas de tempos sombrios /
José Sócrates. -- 1. ed. -- São Paulo : Editora
Contracorrente, 2023.

    ISBN 978-65-5396-118-0

    1. Brasil - Política e governo 2. Bolsonaro, Jair Messias, 1955-
3. Ciência política 4. Democracia 5. Direita e esquerda (Ciência
política) I. Título.

23-158580   CDD-320

Índices para catálogo sistemático:
1. Ciência política 320
Aline Graziele Benitez - Bibliotecária - CRB-1/3129

© @editoracontracorrente
f Editora Contracorrente
🐦 @ContraEditora

Aos meus amigos brasileiros.

PREFÁCIO PÁG. 11

O BRASIL VISTO DA ERICEIRA

SÉRGIO LIRIO

1 PÁG. 14

OUTUBRO DE 2018, NA NOITE DAS ELEIÇÕES: SÓ TEMOS OLHOS PARA OS VENCIDOS

2 PÁG. 17

JANEIRO DE 2019, NA POSSE DE SÉRGIO MORO: O SACRIPANTA

3 PÁG. 19

MARÇO DE 2019, NO FUNERAL DO NETO DE LULA DA SILVA: O TELEFONEMA DE GILMAR MENDES

4 PÁG. 22

NOVEMBRO DE 2019, NA SAÍDA DE LULA DA SILVA DA PRISÃO: A REENTRADA NO MUNDO

5 PÁG. 23

ABRIL DE 2020, NOS PRIMÓRDIOS DA PANDEMIA: ESCOLHER QUEM VIVE E QUEM MORRE

6 PÁG. 26

MAIO DE 2020, A PROPÓSITO DO POLITICAMENTE CORRETO: A TEORIA DO MEDALHÃO COMO MANUAL DO POLITICAMENTE CORRETO

7 PÁG. 30
AGOSTO DE 2020, A CRIANÇA, A VIOLAÇÃO, O ABORTO – E O BRASIL: QUE ÓDIO É ESTE?

8 PÁG. 33
SETEMBRO DE 2020 E A TRAGÉDIA DA DIPLOMACIA BRASILEIRA: COM AFETUOSA LEMBRANÇA DE TEMPOS MELHORES

9 PÁG. 38
NOVEMBRO DE 2020, NA NOITE DAS ELEIÇÕES AMERICANAS: BIRDS FLYING HIGH

10 PÁG. 41
E AS MANHÃS SEGUINTES: I'M FEELING GOOD

11 PÁG. 44
JANEIRO DE 2021 E COMEÇA O BREXIT: O DESENCANTAMENTO EUROPEU

12 PÁG. 48
JULHO DE 2021 E A BATALHA DAS ESTÁTUAS: UM PASSADO QUE NÃO QUER PASSAR

13 PÁG. 51
JULHO DE 2021 E O DEBATE SOBRE O SEMIPRESIDENCIALISMO: POR FAVOR, PENSEM DUAS VEZES

14 PÁG. 53
EUROPA, 2021: À DERIVA

15 PÁG. 57
OUTUBRO DE 2021, NO DEBATE SOBRE A TERCEIRA VIA: UM JOGO PERDIDO

16 PÁG. 60
NOVEMBRO DE 2021 E SÉRGIO MORO APRESENTA-SE COMO CANDIDATO PRESIDENCIAL: O KITSCH POLÍTICO

17 PÁG. 63
JANEIRO DE 2022 E OS NOVOS ROSTOS DA ESQUERDA: TEMPO PARA UM CAFEZINHO?

18 PÁG. 65
MARÇO DE 2022, NA INVASÃO DA UCRÂNIA: O DUPLO MUNDO

19 PÁG. 69
SETEMBRO DE 2022 E O DEBATE SOBRE A POLARIZAÇÃO: BEBER O CÁLICE ATÉ AO FIM

20 PÁG. 72
OUTUBRO DE 2022, NA NOITE DA VITÓRIA ELEITORAL: JÁ É OUTRO DIA

PREFÁCIO

O BRASIL VISTO DA ERICEIRA

SÉRGIO LIRIO

Durante os quatros anos do governo Bolsonaro, os mais tenebrosos da história recente do Brasil, a minha relação com José Sócrates, inicialmente profissional, – eu, redator-chefe da CartaCapital, ele, colunista – tornou-se de tal forma intensa que desaguou em amizade. Por telefone ou nos agradáveis almoços em seu refúgio em Ericeira, de onde a varanda roça o Atlântico e a vila no sopé parece ter servido de maquete a Paraty, passamos horas a discutir os destinos do país que tanto aguça as reflexões do ex-primeiro-ministro. Não raro, na frenética troca de ideias à beira de uma garrafa, Sócrates me pareceu interpretar a política brasileira com os olhos europeus, como se as instituições, a república e a democracia no além-mar se erguessem sobre raízes profundas. "Você não sabe do que somos capazes", eu pontificava. Ele sorria.

Bem vistas as coisas, como gostam de dizer os portugueses, Sócrates tinha razão. Enquanto eu me refugiava no pessimismo estéril, modo mais fácil de lidar com possíveis desilusões, ele se aventurava pelos labirintos do otimismo realista. Não é tarefa simples, pois quem acha, vive se perdendo, ensinava Noel Rosa. O risco de descambar para o devaneio, vício dos militantes ou dos iludidos, é constante e só pode ser superado com as doses certas de experiência, argúcia, formação e senso crítico. Sócrates reúne todos esses atributos e a prova está nesta pequena, mas representativa coletânea de artigos, selecionada justamente para marcar o início e o fim de um ciclo doloroso e, esperamos, atípico da história nacional, entre as eleições de 2018 e 2022. Apesar do nevoeiro que turvou o horizonte, o ex-primeiro-ministro enxergou antes e enxergou mais longe. Em meio aos escombros da descrença em 28 de outubro de 2018, noite da vitória de Jair Bolsonaro, tema da crônica que abre o livro, Sócrates vislumbrou as cinzas da fênix renascida quatro anos depois. Só temos olhos para os vencidos, diz o título: *"no final do ato a extrema-direita ganha as eleições e o PT está fora do poder"*, anotou a quente, na sequência dos discursos do ex-capitão e de Fernando Haddad, o derrotado. *"Ainda assim, este é um dos raros momentos em que só temos olhos para os vencidos e para a admirável beleza da batalha tão desigual que travaram"*. Igualmente precisas as colunas sobre a malfadada terceira via, quimera alimentada pela mídia, a derrocada do "herói" Sérgio Moro, os dilemas da direita não-bolsonarista e o retorno de Lula à arena eleitoral. Precisas e atuais. Embora os eventos analisados tenham ficado para trás, os textos comportam reflexões perenes para quem ainda não entendeu o que se passou e o que se passa no país tropical, abençoado por Deus e bonito por natureza. Precisas e atuais porque a maioria dos eleitores decidiu negar um segundo mandato a Bolsonaro, mas o veneno do ódio, da violência, das fake news e da barbárie, explorados neste compêndio, continua a corroer as entranhas da sociedade.

No deserto da análise política, habitado pelos répteis da banalidade e os cactos da desonestidade, Sócrates oferece ao leitor a sombra restauradora da autenticidade e da lucidez. A coletânea resume o pensamento de um *homo politicus* singular e articulista audacioso, capaz de interpretar com precisão os humores do Brasil, que, tal qual a esfinge, costuma devorar quem se arrisca a decifrá-lo.

SÉRGIO LIRIO

1. OUTUBRO DE 2018, NA NOITE DAS ELEIÇÕES:
SÓ TEMOS OLHOS PARA OS VENCIDOS

No fim da encarniçada batalha existe um vencedor, agora aclamado, mas existem também os vencidos que, de cara ensanguentada, fixam a audiência com olhar digno – estamos de pé. Todos os outros, em particular os da direita que se dizia civilizada, parecem desaparecidos. Conseguiram o que queriam, é certo, mas a custo da sua própria existência política –nem Temer, nem Fernando Henriques Cardoso, nem Serra, nem Alckmin, nem PSDB. A direita dita democrática apoia o golpe e suicida-se em seguida. No final do ato, é a extrema-direita que ganha as eleições e o PT está fora do poder. Ainda assim, este é um dos raros momentos em que só temos olhos para os vencidos e para a admirável beleza da batalha tão desigual que travaram.

A história do derrotado é a história do *golpe*: a Presidenta destituída sem crime de responsabilidade, como se o regime fosse parlamentar e não presidencial. É a história da lava jato – operação judiciária que, ao mesmo tempo que combate a corrupção, se revela o instrumento e a oportunidade para criminalizar todo um partido e perseguir o seu líder histórico. É a história da singular condenação de corrupção por "factos indeterminados" e da prisão em violação da Constituição: *"ninguém será considerado culpado até ao trânsito em julgado de sentença penal condenatória"*. É, finalmente, a história da *cassação*: rasgando com petulância o direito internacional, o Supremo Tribunal Eleitoral ignora a determinação do comité de Direitos Humanos das Nações Unidas para que o antigo Presidente seja candidato, sob pena de causar um dano irreparável. O líder político favorito, com 40% nas sondagens, está fora da contenda eleitoral. A direita rejubila. Enquanto aplaude a violência e a humilhação do adversário, choca o ovo da serpente.

Assim se definiu o campo da batalha. De um lado, toda a direita, a moderada e a extremista. A ela juntam-se a agressividade da imprensa, a parcialidade do aparato judiciário e por detrás surge ainda a sombra do partido militar que, passo a passo, em "aproximações sucessivas", ganha rosto e visibilidade na campanha. Do outro lado, com o seu líder preso e impedido de se candidatar, rodeados de uma linguagem ameaçadora e belicista, os dirigentes e militantes do partido lutam e lutam e lutam, defendendo o seu património de governação: a ímpar transformação social conseguida – na economia, na distribuição de riqueza, nas oportunidades educativas, na redução das desigualdades, na inclusão social, na afirmação do Brasil como uma nova voz na cena da política internacional. Lembram o que foi o seu tempo, comparado com estes três anos de golpe. Ao mesmo tempo reafirmam os seus pergaminhos democráticos – nunca abusaram dos seus poderes, nunca limitaram nenhum direito da imprensa, nunca ameaçaram nenhum opositor. No segundo momento da campanha, muita gente se junta a eles por reconhecer a injustiça da maldição e do ostracismo. Ainda assim, todos eles são tratados de criminosos, aparelhistas, doutrinadores, comunistas. Donde vem este ódio?

Como sempre, múltiplas razões, mas talvez uma dominante. A explicação de classe, que a governação inclusiva e moderada de Lula procurou ultrapassar, parece retomar com intensidade. Com uma particularidade – não é o ressentimento do povo com os de cima, os abastados; mas o contrário, é o ódio dos de cima aos de baixo, aos pobres. O modesto elevador social assustou os possidentes. Somam-se a isto as irritantes políticas de identidade, de gênero, de raça e de orientação sexual, tratados como políticas demoníacas, que põem em causa a "tradição", a cultura social dominante e um certo modo de "ser brasileiro". O ódio, o verdadeiro ódio, é à ideia de *igualdade* – o que deve prevalecer é a *distinção*.

Afinal, sempre foi assim e deve continuar assim, razão que levará o candidato vencedor à pungente confissão de que o objetivo do seu governo é fazer *"o Brasil semelhante àquele que tínhamos há 40, 50 anos atrás"*. No final, é esta a visão que ganha – andar para trás. Por cansaço, por conservadorismo, por impaciência na alternância, seja o que for. Mas a outra parte do Brasil fica de pé. Quatro anos de luta impiedosa e desigual não os destruíram. E existindo ainda, sobreviverão aos insultos, à tentativa de banimento político e continuarão brasileiros: já passaram por muito e não se deixam intimidar. Não temem a prisão, nem o exílio e recusam ambos. E recusarão também que a sua bandeira seja apropriada pelos outros contra si; que a sua pátria seja apenas dos outros contra si; que o seu exército, uma vez mais, seja de alguns contra os outros. A pátria não tem inimigos internos, eles são brasileiros como os demais – e são 47 milhões, vários governadores eleitos e a maior bancada do Congresso. Como símbolo de tudo isto, fica a dignidade com que Haddad se entregou à luta política.

Regressemos à estética da batalha: que bravura, que grandeza. Sim, compreendo muito bem que ninguém se sinta derrotado e exiba orgulhosamente as cicatrizes do combate. Saem dele com ânimo para representar quem neles votou. Afinal, para quem entende corretamente a democracia, a maioria não é critério de razão, mas de legitimidade para tentar uma governação. Só desta forma as minorias de hoje serão amanhã maiorias. Seja como for, são eles, os derrotados, que representam o Brasil que conheço e que admiro, feito de inclusão social, de alargamento de oportunidades, de compromisso, de moderação política e de ambição democrática. Esse é o meu Brasil.

***

2. JANEIRO DE 2019, NA POSSE DE SÉRGIO MORO:

O SACRIPANTA

Quem já viveu o suficiente conhece o drama, que se desenrola basicamente em três atos. O primeiro é, digamos assim, hegeliano – "*a identificação do indivíduo com o princípio*". O personagem aparece em cena, brilhante e heroico, favorecido pela veste judicial e pelo mito da independência. O seu sentimento é nobre e elevado e sonha em deixar o seu nome gravado a letras de fogo no céu estrelado da história nacional. Sérgio Moro, glória e grandeza – uma biografia, finalmente. Vem depois o segundo ato que se desenrola já no palco da política. O *dramatis persona* revela-se então na sua escandalosa vulgaridade, no vocabulário limitado e na dificuldade em lidar com o risco e com a contingência da ação que constituem a verdadeira natureza do novo palco que pisa. Faz lembrar o general Wellington e a deliciosa história de quando foi chamado a exercer as funções de Primeiro-Ministro e lhe perguntaram sobre a primeira reunião do Gabinete e ele respondeu assim: "*bom, dei as minhas instruções e eles, estranhamente, quiseram discuti-las*". Sim, é outro terreno, este o da política – aqui não é o terreno do judicial, do mando e da obediência; aqui, na política, é preciso debater, disputar e, sobretudo, convencer.

O terceiro ato é sempre o mais penoso. À mediocridade junta-se a hipocrisia, acrescida do escândalo –o prémio da nomeação governamental. Afinal de contas, tudo era falso e pechisbeque e todo o mérito consistia no engano e na ocultação. Quando o véu do fingimento é finalmente retirado, o figurante fica exposto como realmente é. O público, em silêncio, baixa lentamente os olhos, envergonhado, enquanto o desorientado personagem vagueia no palco vazio sem perceber exatamente o que lhe aconteceu. Afinal, a história não o destinou a grandes feitos – na vasta plateia, só as pedras do deserto lhe respondem.

Para quem ache o retrato cruel, peço que pense por um minuto nos exemplos que já pudemos observar nas nossas vidas: quantos já vimos assim? quantos Di Pietros? quantos Baltasares Garzóns? quantas Evas Jolys? O fenómeno, afinal de contas, é vulgar e recorrente. Primeiro, protegido do debate e do confronto pela toga que enverga, o personagem vê chegada a oportunidade de dar a conhecer ao mundo as suas múltiplas qualidades extraordinárias. Depois entra em cena essa nova indústria de profissionais do *story telling*, convencidos de que é possível, do nada, produzir um personagem político. Eis o terreno onde os especialistas das narrativas populares se sentem à vontade – a criação do novo herói nacional. Como é pobre o roteiro. Como é cansativo. Falsear a política, fazendo-a ao mesmo tempo que se finge não a fazer, é um truque tão antigo e tão repetido que se torna absolutamente entediante. O que resta em palco é o enfadonho caso do ativista político disfarçado de juiz. Que lástima. Que nojo.

Depois, ainda, o contraste. O patético espetáculo do personagem perdido que ainda deambula em palco, compara com aquele que dignamente enfrenta a provação da prisão. O primeiro foi criado pelo embuste e pela encenação; ao segundo nada lhe foi oferecido sem luta. Teve sempre que prestar provas no terreno da batalha política para se fazer aceitar. Nunca teve ao seu lado a legitimidade do nascimento ou a proteção de um qualquer *establishment*. Foi preciso fazer-se a si próprio e tantas vezes sozinho. O que qualificou Lula da Silva não foi nenhum truque ou habilidade narrativa, mas a excepcionalidade de uma governação além do esperado e do repetido.

Já não há ângulo para olhar o espetáculo e o personagem. Impossível encarar o que se passa sem um esgar de repugnância. Os acontecimentos deixam no mundo inteiro um rasto de descrédito na Justiça brasileira que afeta seriamente a reputação internacional do país. Vejo aí a tese do sangramento, a ideia de que é preciso que mais seja revelado até que as instituições brasileiras decidam agir. Não sei. Não sei que caminho o Brasil escolherá, mas uma coisa sei: o que vimos e o que lemos é suficiente para perceber a fraude judicial, a motivação política e a punição de um inocente. O que sobrevive em cena na política brasileira aflige a decência democrática.

***

3. MARÇO DE 2019, NO FUNERAL DO NETO DE LULA DA SILVA:

O TELEFONEMA DE GILMAR MENDES

Morreu o neto de Lula e hoje foi o seu enterro. No meio da tragédia e do silêncio, um pequeno acontecimento faz-nos voltar à vida – os jornais reportam um telefonema de condolências de Gilmar Mendes. A violência e a crueldade têm sido tão dominantes na vida pública brasileira que já nos surpreende qualquer gesto de humanidade, qualquer gentileza entre dois homens do mundo da política (julgo que posso dizer assim, apesar de um deles ser juiz). No relato do telefonema, Gilmar apresenta as condolências, também ele é avô, sua mulher e ele estão a rezar por Lula, encorajam-no, pedem-lhe coragem. Lula agradece, começa a chorar e não consegue dizer mais nada. Gilmar chora também. Visto de longe parece apenas um gesto terno, visto de perto talvez o telefonema seja um pouco mais do que isso – mais que um pouco de humanidade, o que em si já seria muito nestes tempos sombrios.

Lula chora e Gilmar chora. Há nesse choro a consciência da brutalidade do que aconteceu. Há nesse choro um protesto mútuo e humano perante a injustiça e o infortúnio da vida – preso e morre-lhe um neto, que mundo este. Mas nesse choro compulsivo parece haver algo mais. Há também a dimensão de dois homens políticos que se enfrentaram no passado e que hoje, no momento de tamanha aflição, se abraçam e dizem baixinho um para o outro – como é que chegamos aqui?

Gilmar Mendes. Fui fixando este nome enquanto acompanhava a espetacular vida política brasileira. Pude seguir a inacreditável aliança entre a direita moderada brasileira e o poder judiciário na construção do golpe político para derrubar a Presidenta Dilma Roussef. Pude testemunhar como as suas mais respeitáveis figuras, presas à raiva e ao ressentimento, decidiram ser cúmplices de uma aventura contra a democracia. Acompanhei o desenrolar do drama que viria a trazer de novo a violência e a prisão para o palco da política e vi também os principais autores do golpe serem devorados por ele. Dessa direita democrática parece não ter não sobrado pedra sobre pedra (o que levanta a dúvida de que alguma vez tenha existido). O que ficou é isso que está aí: a boçalidade, a selvajaria e a vergonha.

Mas vi também quando Gilmar Mendes se opôs à condução coercitiva – símbolo inicial da agressão e do abuso que se anunciava. Foi aliás aí que comecei a reparar nele. Também não me escaparam os seus discursos contra a corrente punitivista e a coragem com que enfrentou o caminho do autoritarismo penal. Assisti à forma como se opôs aos seus colegas nomeados pelo PT, que era suposto terem uma sólida cultura humanista (para além, claro, da superioridade moral que sempre reclamaram). Não tinham, e se não tinham, é porque nunca a tiveram. Vi como se alinhou com a defesa dos direitos individuais que constituem a base da legitimidade penal do Estado democrático, sabendo que sem eles não há nem segurança nem liberdade. Sim, pude ver tudo isso e os ataques que lhe fizeram – a esquerda que não lhe perdoou o episódio da nomeação de Lula para chefe da Casa Civil no governo Dilma, e a extrema-direita que não lhe perdoa as posições democráticas e o ameaça com jipes, com cabos e com soldados.

Voltemos ao funeral do neto de Lula. O que me pareceu ver no telefonema de Gilmar Mendes, para além da simples decência e humanidade, foi uma cena tocante de dois personagens que choravam por um mundo que já tiveram em comum e que parece agora perdido. Um mundo construído enquanto adversários políticos e que, justamente por essa razão, é também um mundo que os une. Um mundo que foi capaz de se elevar acima do trauma e da violência da ditadura e que se caraterizou por *"transformar velhos inimigos em leais adversários"*. O choro de Gilmar e de Lula é pela democracia. Mas é também um choro que nos lembra de que ela existe. Afinal, há mais mundo para além deste em que o Brasil vive.

***

4. NOVEMBRO DE 2019, NA SAÍDA
DE LULA DA SILVA DA PRISÃO:
A REENTRADA NO MUNDO

Não foi uma saída da prisão, mas uma reentrada no mundo. Televisões em direto e primeiras páginas dos jornais. Um simbolismo extraordinário. Regressado da provação, Lula da Silva entra em palco com firmeza e coração limpo. E o que mais impressiona é a energia – vem para lutar, não para se reformar. Vem sem ressentimento, mas sabe também o que não pode voltar a acontecer.

A emoção do instante é também o resultado da memória de violência e de humilhação destes últimos anos e, em particular, da disputa eleitoral. De um lado toda a direita unida, a moderada e a extremista, a que se juntou a agressividade da imprensa e a vergonhosa parcialidade do aparelho judiciário. Do outro lado, os dirigentes e militantes do Partido dos Trabalhadores que lutaram para defender a existência do seu partido e o seu programa politico. Agora que o seu líder histórico dá um pequeno passo para a liberdade, o país parece outro.

Para trás fica a decisão jurídica, rapidamente engolida pela dimensão política do acontecimento. No fundo, o Supremo Tribunal demorou uns dias para provar que sabe ler: *"ninguém será considerado culpado até ao trânsito em julgado de sentença penal condenatória"*. Já não havia ângulo para olhar os inacreditáveis exercícios de pantomina hermenêutica constitucional, querendo convencer-nos de que o que está escrito não é, afinal, o que está escrito.

Por aqui, em Portugal, já que me perguntam, o tom dominante foi de regozijo. Muitos portugueses já conheciam a fraude judicial e a miserável conduta de um juiz que, para chegar a Ministro, instrumentalizou a sua função, colocando-a ao serviço de uma caçada política. Na política institucional, o costume: o Partido Comunista e o Bloco de Esquerda saudaram a libertação, a direita calou-se e o Partido Socialista mostrou indiferença: grávido de Estado, já nada o impressiona nesta história de direitos constitucionais. Pelo caminho ainda vi na televisão um deputado europeu do principal partido da direita vomitando ódio contra Lula dizendo que este é, sem dúvida, corrupto – só que não têm provas. Parece que é jurista. Como veem, não são só os brasileiros que têm de lidar com pulhas.

Enfim, regressemos a Lula da Silva. Dez anos depois de deixar a Presidência, volta a ter que prestar provas perante uma direita que quer arrancar pela força o seu retrato da galeria dos Presidentes. Na verdade não lhe deixam alternativa senão voltar a lutar. Não suportam a excecionalidade de uma governação que foi além do esperado e do repetido. Mas agora, depois de três anos de batalha que se iniciou no vergonhoso *impeachment* de Dilma Roussef, começa a emergir uma nova história. O que parecia vencido, reaparece, e com a admirável beleza da batalha desigual que travou. E que ganhou.

***

5. ABRIL DE 2020, NOS PRIMÓRDIOS DA PANDEMIA:

ESCOLHER QUEM VIVE E QUEM MORRE

É talvez necessário esclarecer um ponto importante desta crise sanitária. Toda a estratégia dos diferentes países no controle da epidemia do corona vírus (com reduzidas exceções, entre as quais se encontra a política do Governo Federal do Brasil) se concentra em impedir que o número de doentes críticos exceda a capacidade de cuidados intensivos dos seus sistemas de saúde. Quando se discute a forma de "achatar a curva", ou seja, impedir o crescimento exponencial do número de infectados, o que estamos a dizer é que é necessário abrandar a aceleração da propagação por forma a evitar que os casos graves de infecção se concentrem num determinado período de tempo, impossibilitando que todos os doentes críticos sejam atendidos. Este é o aspeto crítico: evitar a necessidade de ser obrigado a tomar decisões sobre quem vive e quem morre, isto é, de quem terá ou não acesso ao leito de cuidados intensivos.

Em tempos de aflição, a política não escapa a escolhas morais. Para Kant, um dos autores da tradição filosófica ocidental, a questão decisiva colocar-se-ia assim: "*se só salvássemos a humanidade torturando uma criança, torturá-la*-íamos?" Para ele, a vida em sociedade diria que sim e a exigência moral diria que não: "*por esse preço a humanidade não mereceria sobreviver*". De certa forma, é este o dilema moral atual. Sabemos que muita gente vai morrer, sabemos que, em alguns casos não será possível evitar essas mortes, sabemos até que mais tarde ou mais cedo todos poderemos acabar infectados. Mas como continuar a viver, sabendo que não fizemos o que devíamos para que todos pudessem ter acesso a tratamento? Não sabemos quantos, não sabemos quem, mas, se nada for feito, haverá muita gente que morrerá não apenas por ter sido infectada, mas porque não teve acesso ao devido tratamento – e isso faz toda a diferença. Sim, a quarentena e o isolamento social têm um preço econômico e não há dúvida de que será elevado. Mas os Estados decentes aceitam pagá-lo para não terem de viver com essa cicatriz na sua consciência social – a de não terem feito o esforço comunitário necessário para que todos os seus cidadãos fossem atendidos e tivessem uma justa oportunidade de sobreviver. Não, não é a mesma coisa morrer depois de assistido ou morrer por impossibilidade de ser assistido. Eis o dilema moral que esta pandemia coloca a todas as sociedades.

Oxalá esteja enganado, mas julgo que, em breve, o Brasil conhecerá esta dura realidade – a de não ter leitos de cuidados intensivos disponíveis para todos os doentes. E, o pior, muito pior, é que isso acontecerá mesmo sabendo-se que ia ocorrer e havendo uma maneira de impedir que acontecesse. A experiência tem demonstrado que nem a chamada "imunização de grupo", nem o "isolamento vertical" são formas eficazes de conter a infecção e que, pelo contrário, deixa-a livre de fazer o seu caminho até atingir um número de doentes críticos que o sistema não pode atender. Com o insuficiente e precário sistema público de saúde do Brasil não é difícil adivinhar quais irão ser as principais vítimas – os pobres, os humildes, os doentes.

A tudo isto, junta-se o desnorte e a indecisão no comando público. Há cada vez menos países a acreditar na estratégia de imunização de grupo ou a pensar que, isolando os idosos, isso produziria um qualquer efeito útil na propagação da infecção. Mas o Brasil, que eu saiba, é o único país no mundo que não tem acordo entre as autoridades sobre a melhor forma de agir. Pelo contrário, em plena pandemia, as notícias sobre o número de infectados e o número de mortos rivalizam com as notícias da intensa batalha política entre Presidente e Ministério da Saúde, entre Presidente e Governadores, entre Presidente e comunidade científica médica. O espetáculo é grotesco – a instrumentalização política da doença é tão óbvia que torna difícil acreditar que alguém esteja a pensar em algo mais que a sua própria sobrevivência política.

No fundo, os atores políticos governamentais parecem concentrados num único propósito – a quem atribuir a culpa da recessão que aí virá. Ninguém no governo parece preocupado em combater a doença e planejar a recuperação econômica. Na verdade, não saberiam o que fazer. Nada resta do que idolatraram. O mercado há muito que saiu de cena e o único ator econômico que permanece em campo é o Estado e é nele que qualquer estratégia de recuperação poderá assentar. Grande parte da tragédia da política brasileira deve-se ao fato de quem está no governo ver o seu mundo ideológico desabar e nada tem para oferecer como proposta política de futuro. Assim sendo, nada lhe resta senão arranjar inimigos, arranjar culpados e principalmente fazer todo o possível para esquecer que são eles que estão no governo. Ouço por aí dizer que tudo isto tem uma lógica e um plano. Que tudo é calculado. Talvez. Mas quem age com base no cálculo eleitoral e deixa de lado tudo o mais, conviria que tivesse presente as lições da história – quando quis enfrentar a ciência, nunca a política ganhou. Sempre perdeu. E perderá de novo.

***

6. MAIO DE 2020, A PROPÓSITO DO POLITICAMENTE CORRETO
A TEORIA DO MEDALHÃO COMO MANUAL DO POLITICAMENTE CORRETO

Para começo de conversa, é necessário dizer que, na maior parte dos casos, o que por aí chamam de "politicamente correto" representa apenas uma nova sensibilidade e uma nova atitude social para com aqueles que, no passado, eram ofendidos gratuitamente e tantas vezes inconscientemente.

No essencial, estamos a falar de decência. Decência com os homossexuais, com os emigrantes, com as mulheres, decência com toda a espécie de minorias e de "diferentes". Boa educação, no fundo. No entanto, essa não é a dimensão politicamente relevante da questão, ou melhor, essa é apenas uma das dimensões da questão. O aspeto mais importante do estilo politicamente correto que merece uma boa discussão é a ideia de que todo o discurso político ficou de repente monótono e igual, com todos os personagens em palco a dizerem coisas parecidas. Este fenómeno é consequência de uma ação política que se concentra em dizer só aquilo que já sabe que o público quer ouvir. Uma política "técnica", por assim dizer. Uma política sem riscos que se traduz em apurar antecipadamente o gosto do auditório para, em seguida, formular os juízos que se sabe de antemão serem do agrado de quem os escuta. A operação prévia de *contar narizes* determina a palavra e a ação do protagonista político que julga, desta forma, poder escapar à maldição da imprevisibilidade que sempre caraterizou a ação política e a reação do público. Dito de forma radical, o politicamente correto aspira ao fim da política, eliminando a contingência da ação.

Este fenómeno não tem nada de novo. Sempre existiram os cautelosos, os prudentes e os que dizem que têm os pés bem assentes na terra, o que sempre me pareceu querer dizer que têm pouca vontade, pouca imaginação e pouca ambição. Em Portugal, Camilo Castelo Branco chamava-lhes temperados. No Brasil, Machado de Assis chamava-lhes medalhões. O conto a que chamou "A teoria do medalhão" faz o elogio da honesta mediania do espírito humano, recomendando, através da figura do pai avisado, que o filho ponha de lado qualquer laivo de inovação que possa ameaçar uma carreira política promissora:

Nesse ramo dos conhecimentos humanos tudo está achado, formulado, rotulado, encaixotado; é só prover os alforjes da memória (...) proíbo-te que chegues a outras conclusões que não sejam as já achadas por outros. Foge a tudo que possa cheirar a reflexão, originalidade.

Sucesso garantido. A teoria do medalhão *é um tratado sobre o politicamente correto.*

O que é realmente novo na teoria geral do politicamente correto, que representa na prática a antiquíssima teoria geral do carreirismo político, *é a dimensão tecnológica da coisa. A* atividade política moderna transformou-se lentamente numa verdadeira indústria de assessores, de consultores, de especialistas que asseguram que a podem transformar num jogo seguro e certo: eles analisam, eles sondam, eles estudam, eles diferenciam o "mercado eleitoral" e catalogam os seus humores. Diferentes áreas do saber sociológico e, mais recentemente, do poder tecnológico, juntam-se para eliminar a complexidade social e criar em laboratório os guias e os planos de ação do homem político que sejam capazes de oferecer resultados garantidos. Neste quadro, qualquer inspiração é um perigo e qualquer criatividade deve ser evitada. Joguemos pelo seguro: dizer só o que é "aceitável-porque-já-aceite". O fenómeno do politicamente correto é a linha de fuga da indeterminação – os seus princípios são a sondagem prévia e a encenação. Afinal, *"nada de novo debaixo do sol".* Não há nada de mais humano do que querer escapar da maldição da incerteza que sempre caraterizou a política.

Os *media* políticos há muito que entraram no jogo. A progressiva ligação do jornalismo ao entretenimento ajudou a desvalorizar o conteúdo, isto é, a análise do mérito intrínseco da proposta política. O interesse da política e do jornalismo migrou para outras áreas, onde só conta a imagem, a produção e a avaliação do *stage presence* do personagem. Se o que conta é a imagem e a sondagem, em breve estarão todos a dizer o mesmo – o vulgar, o consensual, o idêntico, o insuportavelmente idêntico. E, quando digo todos, quero dizer mesmo todos os que participam no espetáculo: os políticos, os jornalistas, os comentadores, os analistas e os "cientistas políticos", classe recentemente adicionada na tentativa de conferir um pouco mais de legitimidade ao jogo. Sem esquecer também os comediantes que, com os mesmos temas e piadas, adicionam-se ao conjunto de tédio e de mediocridade.

A arte e a política sempre mantiveram afinidades eletivas. Sempre se atraíram e dançaram juntas no largo campo que partilham – representação, linguagem, criação. Ambas têm uma longa história de convívio com a incerteza e com a deceção. Não admira, portanto, que ambas tenham, ao longo dos tempos, procurado libertar-se dessa maldição que sempre as acompanhou – a dúvida quanto à resposta do público que assiste. No seu afã de construir uma atividade política "técnica" e previsível, os exércitos empresariais de análise e pesquisa eleitoral o que fazem, na prática, é diminuir o vocabulário, matar a diversidade e empobrecer de tal forma o espetáculo público da política que o tornam maçador, redondo e previsível. Jogar pelo seguro significa eliminar a idiossincrasia e promover o consenso, ou seja, promover o igual. O inferno do igual: *"quando a filosofia pinta cinzento sobre cinzento é porque uma forma de vida já envelheceu"*.

***

7. AGOSTO DE 2020, A CRIANÇA, A VIOLAÇÃO, O ABORTO – E O BRASIL:

QUE ÓDIO É ESTE?

O espetáculo de horror faz o caminho do silêncio. Emudecemos perante aquelas imagens. A menina de dez anos, grávida e vítima de estupro continuado, é novamente agredida, desta vez por aquelas mulheres e por aqueles homens que se manifestam com palavras de ódio e de violência à porta do hospital. Lá dentro, a vítima, de novo impotente, de novo silenciosa, suporta a nova violação. Felizmente alguém estava lá com ela, umas quantas mulheres foram para lá, para que se soubesse que não está só. Para os outros, para os infelizes que a amaldiçoavam, ela é, afinal, a culpada – culpada por existir. E culpada por nos fazer lembrar a face sórdida de um país doente. Culpada por exorcizar os fantasmas da turba que precisa de uma vingança qualquer capaz de aliviar o seu próprio sofrimento. No fim, anunciam que o Estado usará o programa de proteção a testemunhas e a menina terá novo nome, nova vida, nova cidade. De certa forma, os arruaceiros conseguiram o que queriam. No plano civil, a primeira menina deixou de existir.

Horas antes, a ativista política que gosta de ser fotografada com armas imitando o Presidente que apoia, havia revelado ao público o seu nome, o do médico que iria fazer a intervenção e o do hospital onde seria assistida. Certamente não o fez sem informação e ajuda institucional. Por sua vez, o primeiro hospital, a quem a família pediu ajuda, negou a assistência que a lei determina, colocando-se no mais ignominioso lugar que a história reserva aos covardes – a sujeira moral de lavar as mãos diante do sofrimento. Depois vem o bispo, o bispo, imaginem.

O bispo que usa a autoridade eclesiástica para legitimar a barbárie e promover a equivalência moral: "*A violência do aborto é tão terrível quanto o estupro*", diz ele, a besta quadrada. Depois, vem ainda o padre, o inacreditável padre que, cheio de amor no coração, declara que, se o estupro se fazia já há quatro anos, então: "*É claro que ela estava gostando, que gosta de dar*". Fica, assim, claro que os manifestantes são apenas os executantes, a ponta da lança, a tropa de choque. Por detrás, oculta, fica a cadeia de comando institucional e moral. A pergunta que resta é esta – que ódio é este?

Este ódio só na aparência é novo. Bem vistas as coisas, ele vem de longe, de muito longe. É um ódio histórico. Já o vimos antes, em várias ocasiões e sempre prometendo o paraíso e a salvação. Já o vimos, aqui na Europa, contra o herege, contra o judeu, contra o estrangeiro. Vimo-lo nas guerras civis religiosas com a mesma ambição de unidade e de injunção divina com que se combatia a blasfémia protestante – "*um rei, uma lei, uma fé*". Vimo-lo no anfiteatro da universidade de Sevilha, quando o general fascista grita: "*viva a morte*". Vimo-lo na desumanização do judeu com uma "*fé impermeável à razão e à experiência*", considerada pelos eclesiásticos como sendo impossível de ser assimilada pelos Estados europeus. Sim, sabemos bem de onde vem este ódio e o que ele significa para nós, europeus, que ainda há pouco nos julgávamos abençoados por falar dele no passado. O mesmo ódio que intuímos no bombista suicida dos dias de hoje que, ao fazer-se explodir, procura a salvação divina e a redenção das misérias do mundo que se afundarão com ele. O mesmo ódio se percebe nos jovens muçulmanos que invadem o jornal Charlie Hebdo e cujos corações ardem de desejo de combate, de sangue e de suplícios. O ódio também dos oficiais americanos que infligem sevícias e humilhações aos indefesos prisioneiros iraquianos da prisão de Abu Ghraib. O ódio da tenente Lyndie

England que posa para a fotografia exibindo o seu prisioneiro preso pela trela e conduzido como um animal enquanto sorri. O mesmo ódio, agora de uniforme.

Convidam-nos a pensar este ódio como demência, ou alienação, ou qualquer outra patologia *"psi"* tão cara aos especialistas dos estados de alma. Não são como nós, dizem-nos – são doentes e, se são doentes, talvez esse ódio se cure, o que nos permite ter esperança. Numa outra versão, pedem-nos para o pensarmos como consequência social. A miséria, o desemprego, a falha de identidade. Sim, só pode ser responsabilidade da sociedade e da falta de humanidade com que ela se organiza. Assim sendo, talvez tudo isto tenha solução e possamos pensar numa nova engenharia social para resolver este ódio. Talvez. Talvez tudo isto seja verdade, mas quero dizer uma pequena coisa – este ódio não nasceu ontem, ele é bem humano e bem antigo. Sartre dizia assim sobre o homem que odeia o judeu, o antissemita:

> É um homem que tem medo. Não de judeus certamente – dele mesmo, das suas responsabilidades, da sua solidão, da mudança, da sociedade e do mundo, de tudo menos dos judeus. É um covarde que não quer confessar a sua covardia... o antissemitismo, numa palavra, é o medo diante da condição humana.

Foi este ódio que reconheci no comportamento daqueles manifestantes, em fúria, contra a menina violada. Foi esse ódio que reconheci nos religiosos que apoiaram os arruaceiros que gritavam. Foi esse mesmo ódio que vi quando os juízes (ou juízas, já não sei, mas parece-me que foram mulheres) proibiram o Presidente Lula de enterrar o irmão. Este ódio não é o ódio ao PT, coisa nenhuma. É um ódio do Brasil a si próprio ou, se quiserem, a metade de si próprio, o que vai dar ao mesmo. É um ódio que esconde o medo. Medo da sua própria história escravocrata. Medo da igualdade. Medo dos novos direitos. Medo da contingência, medo do acaso, medo da diversidade, medo da alegria e medo, ainda, de que essa alegria, que não está longe, seja lembrada. O Brasil com medo de si próprio.

Para um eloquente ministro do Supremo Tribunal Federal, a ameaça democrática é meramente *"retórica"*. Os acontecimentos, diz ele, *"estão ocorrendo como devem ocorrer"*. O Ministro precisa se explicar, acalmar alguns seguidores e ajustar contas consigo próprio e com os acontecimentos que ele próprio fez acontecer. E fá-lo enquanto pode. Comporta-se como o eterno otimista que, tendo caído da varanda do vigésimo andar, ao passar no oitavo decide fazer o ponto da situação – até aqui tudo bem. Sim, senhor Ministro, tudo bem, é só retórica. Acontece que todas as desgraças começaram assim, com retórica. Só depois da retórica vem a passagem ao ato e não raras vezes a história mostrou que, então, é tarde demais para evitá-lo. O Brasil, ou melhor dito uma parte do Brasil, está doente.

***

8. SETEMBRO DE 2020 E A TRAGÉDIA DA DIPLOMACIA BRASILEIRA:

COM AFETUOSA LEMBRANÇA DE TEMPOS MELHORES

No Brasil é difícil separar, mesmo que apenas para simples efeitos de análise, a política externa da política interna. Na verdade, os maiores problemas de imagem brasileira, no palco internacional, resultam diretamente da sua política doméstica e da sensação internacional de que o país está num plano inclinado de violência política e de desrespeito às regras democráticas. O processo degenerativo começou com o golpe parlamentar e o *impeachement* da Presidenta Dilma. Depois veio a condenação de Lula por fatos indeterminados. Depois a sua prisão em desrespeito à Constituição e num processo judicial com clara motivação política. Depois o incumprimento do Direito Internacional quando o Estado brasileiro se recusou a acatar a determinação da ONU para que Lula fosse candidato. Depois a inacreditável nomeação de Sérgio Moro como Ministro da Justiça, confirmando as piores suspeitas acerca da sua parcialidade enquanto juiz. Depois o escândalo Lava Jato, mostrando uma organização judicial corrompida pelo interesse político. Uma desgraça que parece não ter fim e que afeta a credibilidade da justiça e o respeito pelos princípios do Estado de Direito Democrático. Este é o mais sério desafio da diplomacia brasileira: convencer o mundo de que o Estado brasileiro não prende adversários políticos, que a lei é cumprida nos seus tribunais, que a tortura não regressará e que a polícia e os militares não intimidarão a política. Enfim, chegamos a isto – a tarefa mais importante da política externa brasileira é persuadir a comunidade internacional de que o Brasil continuará uma democracia cuja legitimidade se funda no valor primordial da liberdade individual. Honestamente, olhando para o dia a dia da política, não me parece tarefa fácil.

O segundo problema da política externa brasileira diz respeito à sua política ambiental, em particular à Amazônia. O evidente retrocesso da sua política ambiental está a fazer o Brasil pagar um elevado preço no plano internacional e, em particular, na Europa. Entendamo-nos bem. O acordo de Paris e o combate às alterações climáticas constituem, hoje, uma questão estratégica para a União Europeia. A política ambiental é o que resta da política externa europeia, depois do desaire da crise das dívidas soberanas e da vergonha internacional com os refugiados. Essa é a nova causa europeia e é com base nela que o bloco político europeu procura restaurar a sua imagem no mundo. Portanto, e de forma simples – o assunto é para se levar a sério. O crescimento da área ardida na Amazônia e a retórica do governo brasileiro contra as leis e regras ambientais tornam o Brasil num país pouco credível e num parceiro económico que gera as maiores desconfianças. É esta situação que explica que o acordo U.E.-Mercosul, tão importante politicamente e tão arduamente negociado entre as duas partes, esteja, agora, ameaçado na sua entrada em vigor. E, pior ainda, são a França e a Alemanha que têm liderado as reservas à sua assinatura. Lembram-se do episódio de humilhação diplomática do Ministro dos Negócios Estrangeiros francês? Lembram-se de o Presidente brasileiro cancelar a reunião com ele alegando "problemas de agenda" ao mesmo tempo em que, provocatoriamente, exibia um pequeno filme em que cortava o cabelo? Lembram-se de o Ministro dizer que tinha recebido a notícia com a "calma dos veteranos"? Bom, agora lembrem-se também de que a França é uma potência nuclear, membro do Conselho de Segurança das Nações Unidas e não costuma esquecer facilmente estas humilhações. Por outro lado, e pondo de lado este infeliz incidente que apenas vem confirmar como a brutalidade e a má educação já contaminaram a política externa, talvez seja importante que o Itamaraty brasileiro mantenha bem presente no seu espírito que os partidos verdes da Europa têm muita influência nas respectivas opiniões públicas e têm mais poder político no Parlamento Europeu que os ruralistas no Congresso Nacional. Não vale a pena disfarçar: a questão da Amazônia representa, hoje, um grave embaraço económico e político para o Brasil. E o que mais impressiona é a súbita reviravolta. Antes, a Amazônia constituía um orgulhoso ativo da diplomacia brasileira; hoje representa a mais séria ameaça à sua imagem internacional.

O terceiro problema do Brasil é a sua relação com os Estados Unidos, o que constitui um clássico na história brasileira. Se é possível descortinar alguma racionalidade nesta política externa é a ideia pueril de que o alinhamento incondicional com a administração americana resolverá todos os problemas. Mais perto da sede imperial significa maior proteção, maior influência no mundo. Esta política é primária, arriscada, ignorante e profundamente irresponsável. Desde logo porque já houve momentos anteriores em que ficou provado que pode haver uma política de amizade com os Estados Unidos sem seguidismos cegos (como, por exemplo, na guerra do Iraque). Por outro lado e ao contrário de períodos anteriores em que a política externa tinha um consenso bipartidário, o alinhamento com a retórica e a política de Donald Trump não é a mesma coisa que alinhar com os Estados Unidos. Pelo contrário, nalgumas questões importantes como o clima, o Médio Oriente e a ameaça belicista, isso significa colocar-se contra metade dos americanos. Para pôr a questão de forma mais clara, o debate político nos Estados Unidos sobre a política externa é intenso, radical e tem a ver com a sua própria identidade. É um debate entre o *main stream* e o que agora chamam de *subterranean stream*. Para estes últimos, a missão americana é defender a civilização branca, anglo-saxónica e protestante; para os primeiros, a política externa norte-americana deve construir e liderar uma ordem global assente nos princípios do Iluminismo da sua declaração de independência, o que significa acreditar em direitos individuais universais e num mínimo de visão cosmopolita baseada no Direito internacional e na prioridade à diplomacia. Este debate divide profundamente o espectro político americano, vai a votos em Novembro e nada faz pensar que a vitória de Trump esteja garantida, bem pelo contrário. O que pode acontecer ao Brasil – e, sinceramente, espero ferverosamente que aconteça – é acordar no dia 3 de Novembro sem ter para onde se virar, a não ser para os seus amigos na extrema-direita europeia. Será suficiente para um partido, mas muito pouco para um Estado.

Em consequência, e este é o meu ponto principal, é absolutamente irresponsável que um país desenvolvido e com uma diplomacia profissional e madura, coloque em causa o seu futuro e as suas relações com o resto do mundo, apostando tudo num alinhamento incondicional. A recente visita de Mike Pompeo, feita com o único propósito de ameaçar com a força militar a Venezuela a partir do território brasileiro, mostra até onde estão dispostos a ir os atuais responsáveis, no seu fanatismo militante. O Brasil parece deixar de aspirar à liderança do espaço latino americano, construída com base numa ordem política de boa vizinhança, de cooperação económica e de paz, para se transformar na testa de ponte dos interesses, não da América, mas da extrema-direita americana nesta parte do continente. O que é espantoso é que tudo isto se tenha passado em tão pouco tempo e que, subitamente, os adultos pareçam desaparecidos das salas do Itamaraty. Com afetuosa lembrança de tempos melhores, a diplomacia brasileira é uma tragédia.

***

9. NOVEMBRO DE 2020, NA NOITE DAS ELEIÇÕES AMERICANAS:

BIRDS FLYING HIGH

O povo americano falou, mas não entendemos exatamente o que disse. Temos de esperar para saber quem ganhou, como fizemos em 2000. A noite eleitoral consistiu num banho de conhecimentos úteis sobre a geografia eleitoral dos Estados Unidos e terminou na desgraça democrata da Flórida, onde, dizem os especialistas em sociologia eleitoral, o voto latino foi determinante. Há muito que conheço este sentimento – antigos emigrantes que, agora, desapiedados, votam em quem melhor insulta os seus antigos conterrâneos. Enfim, nada que nos ajude a vencer o pessimismo sobre a decência humana. No final, estamos nisto – parece que tudo se vai resumir a quem vencer no Michigan, no Wisconsin, no Nevada, em Arizona e na Pensilvânia. Que noite.

A manhã não ajuda. Esperava uma vitória esmagadora de Joe Biden e, afinal, aqui estou eu preso à televisão que me informa da pequena vantagem que Biden tem em alguns daqueles Estados. Os dirigentes da campanha democrata esforçam-se para mostrar confiança – as coisas parecem bem, dizem. O candidato democrata venceu claramente no voto nacional e as votações dos estados apresentam-se prometedoras. *"Paciência"*, pediu o candidato. Mas paciência com o atual Presidente é tudo o que não tenho. Durante a noite, ouvimo-lo dizer que, no que lhe diz respeito, a vitória é dele e a contagem dos votos deve ser imediatamente interrompida. Interromper a contagem, diz ele. Inacreditável. Afirma ainda que *"estamos a ganhar em grande"* e que os democratas *"estão a tentar roubar a eleição"*. Tudo isto sem apresentar a mínima prova do que afirma. Não, não me consigo habituar a esta linguagem. Estamos a falar da noite eleitoral da nação que aspira a liderar o mundo ocidental e democrático. Ocorrem-me os versos de Cesário Verde: "*amo insensatamente os ácidos, os gumes e os ângulos agudos*".

Contam-se os votos. Nada a fazer, entretanto. Mas talvez não seja má ideia argumentar com aqueles brasileiros, cidadãos de esquerda, que afirmam, ou no mínimo sugerem, que escolher um ou outro "*seria a mesma coisa*". Sou capaz de perceber o ressentimento que, ao longo da história, o intervencionismo norte-americano deixou na América Latina. Ainda assim, julgo que este sentimento revela uma certa incapacidade em perceber o que a eleição de Donald Trump significou, não apenas para os americanos, mas para o mundo. A extrema-direita europeia cresceu à sombra da América. A extrema-direita latino-americana cresceu com o exemplo da América. Para quem é brasileiro, é preciso estar cego para não perceber o que a eleição de Trump significou na eleição de Bolsonaro. Por alguma razão o Estado brasileiro, pela voz do seu Presidente, decidiu pôr de lado as regras diplomáticas e expressar abertamente a sua preferência por um candidato nas eleições de um país estrangeiro. E, se o Presidente Bolsonaro apoia um candidato americano, então talvez as pessoas de esquerda no Brasil possam reconhecer que alguma boa razão haverá para desejar que o outro vença.

Por outro lado, é importante lembrar que a política externa americana já não é, como foi no passado, um campo de consenso bipartidário. Há um fosso que separa os dois candidatos na relação económica e militar com a China. Um deles, Donald Trump, acha que o sucesso do seu país se conseguirá acusando os chineses de fazerem batota nas regras de comércio internacional e invocar, na maioria das vezes sem nenhuma fundamentação, a segurança nacional apenas como forma de ganhar novos mercados e negócios para as suas empresas. O outro, Joe Biden, quer discutir a relação entre os dois países com base numa relação diplomática responsável, capaz de preservar o papel que ambos reclamam na cena internacional. Há também uma diferença abissal na relação com a Europa – um deles deseja a sua fragmentação política; o outro deseja que os seus aliados se mantenham unidos. Mas é talvez na América Latina que as diferenças são maiores. No momento em que um vento de mudança política parece percorrer a América do Sul – na Argentina, no Chile, na Bolívia – é absolutamente decisivo que a diplomacia estado-unidense deixe de ser um fator desestabilizador e ameaçador apenas com base na ideologia do seu governo. Venezuela, Cuba, Argentina e Bolívia precisam de diálogo, não de ameaças e de manobras de intimidação. Já basta o que basta. Joe Biden e a sua plataforma política oferecem uma oportunidade de mudança e seria um erro não a reconhecer. Vai sendo tempo de os Estados Unidos reconhecerem que podem e devem trabalhar com governos de direita e de esquerda que resultem de escolhas livres e justas dos povos e que abandonem de vez o preconceito ideológico que tanto mal fez ao prestígio norte-americano. E uma coisa está clara: não haverá mudança nenhuma se Trump vencer de novo.

Finalmente, para quem não gosta de Joe Biden, ou para quem o ache demasiado moderado ou centrista, gostaria que pensassem por um minuto no que aconteceria se os democratas tivessem escolhido alguém com um discurso mais à esquerda. Talvez não estivéssemos agora a fazer contas. Bom, regresso à televisão, e as coisas estão melhores. Biden fala ao país. A sua declaração revela escrúpulo democrático: não anuncia vitória, porque há votos a serem contados, mas afirma que espera ganhar a eleição. Fala em unidade, em respeito, em ouvir e dialogar. A votação americana reforça a democracia e ele é o candidato americano mais votado da história. Ganhou em Michigan, vai à frente no Wisconsin e no Nevada. A contagem dos votos pelo correio está também a inverter o resultado na Pensilvânia. Deixo de pensar em gumes e vêm-me ao espírito os versos de Nina Simone: *birds flying high, you know how I feel...*

* * *

10. E AS MANHÃS SEGUINTES:

I´M FEELING GOOD

Nas manhãs seguintes parece que o nevoeiro levantou e vemos melhor. Joe Biden venceu com o maior número de votos da história. Venceu com uma diferença de mais de quatro milhões para o seu adversário. Virou os estados de Michigan, Wyoming, Pensilvânia, Geórgia, Arizona e Nevada. Os democratas conservam a maioria no Congresso e podem ganhar ainda o Senado (que fica dependente da segunda volta na Geórgia). Afinal, contados todos os votos, é agora visível uma onda azul no mapa eleitoral norte-americano.

Cinco dias depois, o mais impressionante foi a forma como o mundo seguiu a evolução destas eleições. Aqui na Europa, que está a viver os seus piores dias da pandemia, as televisões não falavam de outra coisa. Julgo, pelo que pude acompanhar, que o mesmo aconteceu aí no Brasil. De repente, tivemos um curso acelerado de geografia eleitoral americana. A diferença entre o eleitorado das duas Costas e o eleitorado do Midwest, o nome dos *swing states*, o nome dos Estados da ferrugem que mudaram a eleição, a importância histórica da cidade de Filadélfia, local onde foi escrita a declaração de independência e que marcou também o momento crucial desta vitória eleitora. Este fascínio com a eleição americana, com a devida licença aos que pensam e sentem de outra forma, nada tem de fútil ou de mero espetáculo de suspense (que também houve). Na verdade, os cidadãos europeus, tal como os cidadãos da América Latina, sabiam bem que tudo aquilo tem a ver conosco e que tudo aquilo acabará por nos bater à porta. É o que acontece quando se realizam eleições decisivas num país que tem mais de oitocentas bases militares no estrangeiro, um milhão de homens em armas, esquadras com porta-aviões em todos os oceanos, e que é, ainda, a maior economia do mundo e o país mais influente nas principais instituições internacionais. Um historiador uma vez disse que os ingleses construíram um império *sem se darem conta*. Os Estados Unidos também construíram um império, embora em estado contínuo de negação. Mas ninguém é ingénuo. Todos sabíamos que esta eleição decidiria como essa força e esse poder iriam ser usados. Foi por razões muito compreensíveis que todo o mundo esteve atento.

Sim, bem sei, o espetáculo não foi bonito. Parecia que tudo se passava num país que estava a fazer eleições pela primeira vez. A pandemia, os votos pelo correio e a garantia de integridade eleitoral não justificam inteiramente o lamentável espetáculo de arrastamento na contagem dos votos. No entanto, sejamos justos – o que de mais importante fica destas eleições é a extraordinária mobilização popular. Nunca tantos cidadãos tinham votado. Não, não é a polarização de que tantos falam, o que fica destas eleições. Todas as eleições, num sistema presidencial, sejam nos Estados Unidos, sejam no Brasil, são polarizadoras por natureza, dado o caráter bipartidário do sistema. O que fica é a consciência cívica da importância do voto e a invulgar participação eleitoral dos americanos. Isso sim, é o que fica. E fica também o espetáculo grotesco de quem não aceita perder e de quem acha que só os seus votos devem ser contados. O ressentimento que fica no lado que perdeu, terá que ser resolvido pelo Partido Republicano que aprendeu uma lição nestas eleições – o radicalismo, os apelos à violência contra os adversários e a negação das evidências científicas podem ter apoiantes, mas têm sempre um triste desfecho. O epitáfio foi escrito pelo jornalista Anderson Cooper, quando da triste conferência de imprensa do ainda Presidente – *"parece uma tartaruga balofa virada de costas esperneando ao sol"*. Talvez *balofa* esteja a mais.

Sejamos claros. Todos, os que votaram e os que assistiam, tinham absoluta consciência de que estava em jogo a própria ideia de democracia. Todos os que, no resto do mundo, ficaram colados as televisões, sabiam que estas eleições teriam consequências na vida democrática dos seus próprios países. Bom, eis o resultado – não foi apenas Trump o derrotado, mas o internacionalismo xenófobo e anti-democrático. A rede de extrema-direita no mundo, que não tinha parado de crescer nos últimos anos, foi travada. O que estava em causa, nestas eleições, todos o compreendemos, eram os valores da tolerância, da inclusão, do diálogo, dos direitos individuais – da liberdade, numa palavra. A democracia venceu estas eleições. E todos pudemos comemorar o resultado.

Do ponto de vista estratégico, estas eleições foram determinantes para a Europa, mas por maioria de razões foram-no, também, para toda a América Latina. A chamada doutrina Monroe, que começou em dezembro de 1823 por ser uma declaração contra o imperialismo e contra o colonialismo europeus, foi sendo lentamente adaptada, através de sucessivos "corolários", para degenerar naquilo a que o historiador William Appleman chamou de "anticolonialismo imperial".

Talvez agora, nesta oportunidade, a política externa norte-americana possa compreender que os seus interesses vitais nada têm a ver com uma imposição ideológica ao resto do continente, mas com a construção de uma ordem internacional multilateral, baseada no respeito dos direitos internacionais e nas escolhas livres e soberanas dos respetivos povos. É altura de parar de andar pelo mundo em busca de "*monstros para destruir*" e abandonar a diplomacia da ameaça, do embargo e da retórica belicista. Basta de caos, de improviso e de caprichos pessoais. O novo Presidente tem agora uma segunda oportunidade. Nina Simone, de novo: *It´s a new dawn, it´s a new day, it´s a new life... And I´m feeling good.*

***

11. JANEIRO DE 2021 E COMEÇA O BREXIT:
O DESENCANTAMENTO EUROPEU

Exatamente como De Gaulle havia previsto, assim que lhes deram uma oportunidade, os ingleses preferiram o *grand large* ao continente europeu. Com o referendo inglês, a Europa perdeu a sua segunda maior economia, um membro do Conselho de Segurança das Nações Unidas, uma potência nuclear e – talvez principalmente – perdeu também uma das mais importantes e influentes culturas políticas do mundo. A saída do Reino Unido foi uma desgraça para o projeto da União Europeia. Este mês, janeiro de 2021, entra em vigor o acordo de saída. O Brexit, finalmente.

O referendo realizou-se em 2016, há mais de quatro anos. Depois de conhecido o resultado, o Presidente da Comissão

Europeia, com grande fineza de espírito, deu uma conferência de imprensa para pedir aos ingleses que apressassem a partida, no que foi muito aplaudido pelos funcionários europeus que assistiam. Desde esse momento, o discurso da burocracia europeia articulou-se em três pontos: 1) o referendo foi um erro estúpido e em breve os ingleses iriam descobrir essa triste realidade; 2) a decisão maioritária de sair foi tomada por curta margem e com base em simples emoção – e em breve os ingleses cairiam em si e descobririam o engano; 3) finalmente, o povo inglês tinha sido enganado, em particular no que concerne ao custo económico da separação, e muito rapidamente iriam descobrir o logro. Quando lhes foi dada oportunidade, nas mais recentes eleições legislativas, os ingleses elegeram Boris Johnson como Primeiro-Ministro decidindo mostrar, uma vez mais, que o que verdadeiramente não suportam é o paternalismo dos altos funcionários europeus.

O resultado do referendo foi um choque para quem sempre olhou para o projeto de integração europeia como o projeto político mais generoso dos nossos tempos. O debate desse período a propósito da imigração e do medo dos refugiados constituiu um dos mais indignos momentos de um país com as tradições e as responsabilidades dos britânicos. Tudo isto é certo e, todavia, tudo isto não chega como explicação. É preciso estar cego para não ver também nesta tão radical decisão dos ingleses a recusa de ser governado por aparelhos administrativos que não são eleitos e não respondem perante ninguém. Mesmo depois do resultado e do abalo que provocou, nenhum responsável europeu decidiu debater seriamente o chamado *deficit* democrático das suas instituições e, em particular, o fato do novo Tratado Orçamental atribuir a essas instituições o poder de recusar propostas orçamentais nacionais antes de serem aprovados pelos respetivos parlamentos. Julgo que foi Hannah Arendt que escreveu sobre "*o governo de ninguém*", para dizer que não há nada mais autoritário do que este tipo de governo – não elegemos ninguém e não podemos responsabilizar ninguém pela simples razão de não conhecermos ninguém. A deriva tecnocrática é a causa principal do desencantamento do projeto europeu.

Durante estes quase quatro anos, entre o referendo e estas últimas eleições inglesas, a incapacidade politica atingiu níveis insuspeitáveis. Os líderes europeus decidiram chamar ao palco um dos chefes da sua burocracia, o senhor Barnier, para tentar transformar o problema da saída na questão do acordo de saída. Como se o problema fosse a falta de acordo e não a saída em si. Como tudo se resolvesse com a chamada "saída ordenada". Não, não resolve. Com acordo ou sem acordo, a Europa fica mais fraca economicamente, mais fraca militarmente, mais fraca politicamente e, pior que tudo, mais enfraquecida na sua coesão e na sua unidade. No passado dia 31 de janeiro, o Presidente Macron foi o único a reconhecer o perigo: "é um sinal de alarme histórico". A todos os outros, pareceu assunto de intendência: façam entrar de novo o senhor Barnier e o seu exército burocrático – é preciso negociar, é preciso um acordo, e isso eles sabem fazer. Que lástima.

Na verdade, todos perdem. Se pusermos de lado a patética encenação de Nigel Farage e de Boris Johnson assinalando o momento do Brexit como se fosse o dia de independência de um qualquer poder colonial despótico, também não vejo que o que fica seja muito animador para os ingleses. Não estou a ver que a nostalgia imperial e a visão de um mundo à sua espera para realizar importantes acordos comerciais possam transformar o Reino Unido num grande ator global. Pelo contrário, tudo isso me parece pura ilusão. O mesmo se diga dos Estados Unidos, cuja administração cometeu o erro de principiante: incentivar a separação de aliados com o propósito de aumentar a sua própria hegemonia junto de cada uma das partes, agora separadas. Dividir os adversários pode ser vantajoso; dividir aliados nunca é.

No entanto, é a Europa que tem a mais dura tarefa pela frente. As novas gerações já não têm presente a memória das duas guerras, não sentem a necessidade de recuperação económica urgente, nem reconhecem qualquer ameaça soviética, que foram as três forças motrizes da integração europeia. Este processo evoluiu muito depois da queda do Muro de Berlim. Um novo ciclo se iniciou com a reunificação alemã, com o alargamento e com a deslocação do centro de gravidade europeu para leste. A Europa mudou e mudou numa questão central – a liderança alemã. A resposta à crise económica e a tragédia dos refugiados afetou a identidade europeia e a confiança na sua liderança. Arrastada pela crise de confiança, a cizânia interna cresce: os países do sul desconfiados do norte, a periferia ressentida com o centro. A pergunta volta a ser para que é que serve hoje a Europa e qual é o seu papel no mundo. Regressa, com ela, a questão geoestratégica: simples cabeça de ponte dos americanos na Eurásia, ou ator político global? Mero apêndice dos Estados Unidos ou parceiro geoestratégico que pretende afirmar-se nos assuntos mundiais com o melhor da sua história iluminista, como a voz da paz, do diálogo político e do direito internacional? A história europeia sempre teve duas faces – a do continente das luzes ou a do continente das trevas. É preciso não esquecer a segunda para que não aconteça de novo.

***

12. JULHO DE 2021 E A BATALHA DAS ESTÁTUAS:
UM PASSADO QUE NÃO QUER PASSAR

Subitamente as manifestações contra o racismo na América puseram também a Europa a discutir a sua herança colonial. O passado deixou de estar morto e parece até que não é sequer passado, como escreveu o escritor americano William Faulkner. Na Inglaterra, a estátua de Edward Colston foi atirada ao rio, a do rei belga Leopoldo II foi vandalizada em Antuérpia, e a do general confederado Williams Carter Wickham foi derrubada em Richmond. A batalha das estátuas oferece este espetáculo invulgar de ver várias nações do mundo ocidental a discutir, de novo, o seu próprio passado.

A primeira e mais fascinante questão tem a ver com o fato de o debate sobre o racismo policial nos Estados Unidos arrastar manifestações na Europa com as mesmas palavras de ordem e até com os mesmos nomes gritados pelos manifestantes. Na verdade, nada disto é novo. Toda a minha geração cresceu a discutir os direitos civis nos Estados Unidos e a acompanhar a violência estatal e os assassinatos do seus líderes – Medgar Evers, Malcom X, Luther King. O negro americano nunca esteve sozinho nessa batalha. Enquanto a América discutia a segregação racial, a Europa preparava o fim da época imperial e a independência das colónias. O racismo e o colonialismo europeu eram produto da mesma linhagem histórica. Talvez a diferença fosse apenas esta – os americanos discutiam o racismo que praticavam dentro; os europeus, o racismo que praticavam fora.

A questão racial da América é uma longa tragédia histórica. Os Estados Unidos nunca foram apenas uma República liberal fundada na igualdade de direitos naturais do homem.

Eles foram também uma nação de proprietários de escravos. A identidade americana nasceu dividida entre o melhor do Iluminismo e o pior da barbárie. Por um lado, nasceram como República em resultado de uma ruptura imperial e assentaram a sua legitimidade num novo ideal universal – todos os homens nascem iguais. Por outro lado, a mesma República permitiu que cada homem negro contasse apenas 3/5 de um cidadão e que o seu Supremo Tribunal decidisse, quase cem anos depois da independência, que as pessoas negras não poderiam reclamar nem os privilégios nem os direitos dos restantes dos cidadãos. A América tinha a atração da dupla face de Janus – o pior e o melhor de humanidade. Enquanto os Estados Unidos iam à lua, realizando um dos maiores sonhos humanos, cá em baixo os negros americanos lutavam contra a segregação racial. Esta história de grandeza e de miséria enfeitiçou a minha geração. Tudo o que nos diziam sobre os Estados Unidos era verdadeiro – porque o seu contrário também o era.

As multidões que se juntaram na Europa para expressar solidariedade com George Floyd e com a causa antirracista americana têm atrás de si essa longa história de protestos comuns. Parte dessa ligação tem a ver com o poder e a influência da América que, ainda hoje, como já acontecia no passado, leva muitos europeus a conhecerem melhor os ícones e os hinos americanos que as suas próprias vítimas. O envolvimento europeu na batalha pelos direitos civis sempre recorreu aos símbolos culturais americanos – James Baldwin como escritor, Bob Dylan como poeta e *We shall overcame* como canção. A cultura americana como principal instrumento de luta contra o imperialismo americano.

Desta vez, europeus e americanos trouxeram também a guerra das estátuas e, com ela, o debate sobre a própria legitimidade do debate sobre o passado. O argumento recorrente de que não podemos olhar para trás com os olhos de hoje foi imediatamente invocado. Bom, na verdade, não conheço outra forma de fazê-lo. A única forma de enfrentar o passado é com os critérios morais do presente, não para julgá-lo definitivamente, mas para ter dele consciência plena. Na verdade, por detrás do argumento da ilegitimidade e futilidade do debate sobre o passado está um outro – o de que a história não deve ser mais do que uma bandeira nacional e o de que a narrativa histórica tem por função glorificar o passado de forma a construir uma identidade nacional. A batalha das estátuas falhou o alvo em vários momentos – como foi o caso de Winston Churchill, em Inglaterra, e do Padre António Vieira, em Lisboa. Mas pôs o dedo numa ferida antiga. Uma recente pesquisa europeia revela que um em cada três britânicos, e um em cada quatro franceses ou belgas acham que o seu antigo império é algo de que se devem orgulhar. Dá que pensar.

Sim, o passado é o que é – e nada se pode fazer quanto ao que foi feito. Mas há muito a fazer sobre a verdade histórica e o seu significado, por mais doloroso que seja para as diferentes consciências nacionais. O Brasil e os brasileiros sabem exatamente do que estou a falar e da falta que faz um debate sério e esclarecido sobre a escravatura e sobre a ditadura militar. Pode ser doloroso trazê-lo à consciência, mas não o fazer deixa o trauma medrar em ressentimento. O mais que podemos esperar é que a discussão se faça civilizada e pacificamente, de modo que todos se possam reconciliar com ele. Na bela fórmula política que os sul-africanos inventaram – verdade e reconciliação.

***

13. JULHO DE 2021 E O DEBATE SOBRE
O SEMIPRESIDENCIALISMO:

POR FAVOR, PENSEM DUAS VEZES

O debate sobre o semipresidencialismo no Brasil parece enfermar de um vício de nascença – ele resulta mais da oportunidade do que da necessidade. É indisfarçável que a motivação da proposta se encontra na preocupação com a vitória da esquerda nas próximas eleições e não na vontade genuína de melhorar o sistema político. Este é o primeiro problema. Mas há um segundo, igualmente sério, e que tem a ver com o fato de o sistema presidencial ter sido plebiscitado em 1993 e esta escolha ter sido sufragada por quase setenta por cento dos votos dos eleitores inscritos. É, portanto, muito duvidoso, do ponto de vista da legitimidade democrática, que o Congresso deva alterar aquilo que o povo, chamado às urnas, decidiu adotar de forma tão expressiva, pelo menos sem realizar uma nova consulta. Estas duas razões deveriam bastar para desaconselhar a mudança – nem necessidade nem legitimidade para fazê-lo.

Gostaria, no entanto, e também por razões de gosto intelectual, de entrar no debate substancial da ideia semipresidencial para apresentar dois argumentos contrários a essa aventura. Primeiro: vejo, para aí, espalhada a ideia de que o sistema deveria ter, como referência, o sistema português. Com o devido respeito por opinião contrária, julgo muito difícil de sustentar, nos dias de hoje, que o sistema político português seja semipresidencial. Ele já foi, mas já não é. Maurice Duverger, autor que deu o nome a este sistema, identificou nele três elementos:1) o Presidente eleito por sufrágio universal; 2) possuir poderes bastante consideráveis ; 3) ter à sua frente um Primeiro-Ministro e Ministros que possuem poderes executivos apenas e enquanto o parlamento não se opõe à sua permanência.

Ora, é justamente o segundo elemento (Presidente com poderes bastante consideráveis) que já não se verifica. A Revisão Constitucional de 1982 reduziu, de tal forma, os poderes presidenciais que quem pretenda classificar o sistema português, deve, em rigor, inclinar-se para a designação parlamentar. A mudança crítica na Constituição portuguesa foi o artigo que retirou ao Presidente a possibilidade de demitir livremente o governo, restringindo esse poder a circunstâncias excecionais para "garantir o regular funcionamento das instituições". Tal faculdade nunca viria a ser usada por nenhum Chefe do Estado. Nunca mais o país teve governos de iniciativa presidencial nem o Presidente da República interveio na orientação concreta da política governamental.

Aliás, pode dizer-se que a última batalha desta interpretação constitucional se deu em 2016, quando, contra a vontade expressa do Presidente e depois de muitas tentativas para o impedir, o Parlamento aprovou o programa de um governo do Partido Socialista que, embora não tivesse ganho as eleições, dispunha do sólido apoio de uma maioria de esquerda no Parlamento. A posse deste governo, que viria a ficar conhecido como o *"governo da geringonça"*, tornou claro que entre o Presidente e a Assembleia da República (o Congresso), é perante esta última que o Governo responde politicamente, confirmando, assim, a natureza essencialmente parlamentar do regime.

Depois, gostaria também de argumentar que a evolução constitucional do sistema político português de um inicial semipresidencialismo (1976) para o parlamentarismo (1982) se fez em benefício de maior estabilidade e não de menos. A concentração do poder e da responsabilidade na maioria parlamentar ajudou a estabilizar o regime e não o contrário. Em síntese, o meu ponto é este – o problema crónico do semipresidencialismo é o insanável e sempre latente conflito de legitimidade e de poderes concorrentes na governação entre o Presidente eleito diretamente pelo povo e o Primeiro-Ministro que emana de uma maioria parlamentar também ela eleita diretamente em eleições legislativas. Para quem advoga em favor dos benefícios do sistema semipresidencial, sobretudo sem o ter experienciado, aconselho que pensem duas vezes – este regime pode causar mais problemas dos que aqueles que resolve. No meio de tanto desemprego, de tanta desigualdade, de tanta pobreza, de tanta dificuldade económica, de tantos mortos e internados, é muito difícil compreender a prioridade política subitamente atribuída a este debate, a não ser por óbvia conveniência partidária de conjuntura. E mudar o sistema em função dos interesses partidários do momento – e sobretudo mudá-lo num sentido que não tem tradição política no país – não é avisado, nem prudente, nem sensato. Por favor, pensem duas vezes.

***

14. EUROPA, 2021:

À DERIVA

O cidadão ucraniano Ihor Homeniuk aterrou no Aeroporto de Lisboa em 10 de março deste ano e nesse dia foi impedido de entrar em Portugal. A seguir foi levado pelo Serviço de Estrangeiros e Fronteiras (a polícia dos aeroportos) para uma sala onde, depois de várias peripécias, foi amarrado, espancado e onde viria a morrer. Nesse período de cerca de cinquenta e sete horas em que esteve detido em território português não teve acesso a um tradutor, nem a advogado, nem foi presente a um juiz como impõe a Constituição da República. Nas horas seguintes a certidão de óbito foi falsificada, a morte foi dada como natural e o assassinato foi encoberto. A posterior autópsia e uma denúncia anónima alertaram outras autoridades policiais e o crime acabou desvendado – Ihor foi torturado e morto de forma violenta, nas instalações do aeroporto. O tenebroso assunto foi mantido a custo no espaço público por algumas jornalistas da imprensa escrita – o resto, a indústria televisiva que domina a agenda política e que, na prática, decide o que existe e não existe, não viu no caso motivo de indignação ou de escândalo (com a virtuosa exceção de uma delas que deu a notícia em 29 de março). O Primeiro-Ministro e o Presidente da República, apesar deste último aparecer todos os dias na televisão não se sabendo se a distribuir afetos ao povo ou se a pedi-los, também não sentiram necessidade de se referirem ao desonroso assunto, para além de breves considerações de circunstância no momento em que o crime foi revelado. Nove meses passados, o assunto é, agora, o tema político destes dias.

O que ocorreu é muito grave, mas mais grave ainda foi a ausência de debate sobre o que ocorreu. É um debate sobre a ausência de debate. Sobre a indiferença política ao escândalo. A que acresce o reflexo clássico da defesa institucional – a tese das maçãs podres. Nada há de sistémico, de cultura de violência ou de hábitos de arbítrio. Tudo se deve à maldade isolada de uns quantos inspetores da polícia que não devemos confundir com os restantes membros da organização. E, todavia, fica a faltar explicação para um sistema que permite a ausência de tradutor, o abuso dos policiais sem autoridade para impedir a entrada, o uso de armas proibidas, o comportamento do juiz que autorizou por e-mail a extensão da detenção. No momento em que escrevo assisto ainda e em direto às inacreditáveis declarações públicas de um diretor de uma outra polícia que se sente no direito de tornar pública a sua proposta institucional para o problema, recomendando a fusão entre as duas polícias. As declarações são naturalmente provocatórias para o governo da República, o único que tem competências neste domínio. No entanto, o que mais me impressionou, na sua estudada e bem preparada declaração, foi o ponto prévio em que afirmou que o Serviço de Estrangeiros e Fronteiras (mais uma vez, a polícia dos aeroportos que custodiava o cidadão assassinado) é uma boa polícia e que tem excelentes profissionais. Nenhuma palavra para condenar o assassinato, nenhuma palavra para apresentar condolências à família, nenhuma palavra para lamentar o dano que o caso causa ao Estado. Nada – a não ser dizer que a polícia, que acabou de assassinar um cidadão estrangeiro que estava sob sua custodia, é uma boa polícia. O único propósito da declaração foi afirmar uma *certa* cultura de autoridade policial. O governo ficou calado. O governo socialista.

Isto é aqui, na Europa. Aqui ao lado, na França, manifestantes protestam todas as semanas contra uma lei em discussão na Assembleia Nacional que pretende tornar ilegal qualquer filmagem de atuação policial. O governo francês parece desistir de uma polícia sujeita às regras da publicidade e do escrutínio público. Desistir de uma polícia republicana. O implícito na lei é o de que a polícia deve estar protegida do olhar público porque só assim poderá atuar com eficácia. Difícil de acreditar. Se formos um pouco mais atrás, certamente alguns ainda se lembrarão de que, na sequência das últimas eleições europeias, a Presidente Von der Leyen decidiu propor uma nova pasta governamental que tutelaria em simultâneo os assuntos relativos à imigração e à segurança interna – a imigração passaria a ser questão de segurança. A esta nova pasta governamental propôs ainda a senhora Presidente que se chamasse *"proteção do nosso modo de vida europeu"*. Nenhuma dúvida de interpretação – a imigração é não só um problema de segurança, mas também uma ameaça ao *"modo de vida europeu"*. Eis a nova cultura politica europeia.

O que se passou no Aeroporto de Lisboa não é apenas um infortúnio, um incidente trágico e isolado – é um sinal claro de uma obscena mudança na cultura política europeia que tem reflexos nas culturas internas das polícias. Uma deriva. Uma deriva que nasceu na crise económica e cresceu com o drama dos refugiados. Uma deriva que, ao longo dos últimos anos, criou novas leis securitárias que multiplicaram as agências de inteligência e aumentaram a vigilância e o controle policial do Estado. A exploração do medo – do terrorismo, dos migrantes e dos refugiados, de tudo o que é diferente e estranho – encorajou o clássico discurso de que é preciso abdicar de um pouco de liberdade em troca de um pouco mais de segurança. Tudo isto parece exatamente o que é, uma escorregadia dança política em direção a estados de segurança e de vigilância. Esta é a tragédia europeia. E um desastre para a sua reputação internacional.

Para muitos dos meus amigos brasileiros é difícil acreditar que isto esteja a acontecer aqui na Europa. Que estes ventos autoritários existam num espaço político construído ao longo de décadas com base nos valores da paz, do direito internacional e dos Direitos Humanos. Bem vistas as coisas, estamos longe da catástrofe política brasileira, é verdade. Aqui não há governantes que dão pulos contentes com a morte seja de quem for e não temos, ainda, propostas de *"excludentes de ilicitude"* para policiais, sabendo que isso significa um descarado incentivo ao uso de armas de fogo. Todavia, não se enganem, o que enfrentamos é sério. E o que a meus olhos é mais grave não se deve tanto ao que diz a extrema-direita europeia, mas ao que a esquerda e a direita democrática desistiram de dizer – que a diversidade é boa para a Europa, que a imigração pode constituir a resolução de alguns dos mais sérios problemas europeus e que o que mais devemos temer é um Estado em que as suas instituições abusam do seu poder. Que nunca existirá segurança sem liberdade. E que é esta que vem primeiro, não a outra. É triste ver assim a Europa, mas o que é ainda mais triste é ver um governo socialista europeu acusado de desvalorizar um grave caso de violência policial em que um cidadão estrangeiro acaba assassinado. Mais do que a cultura de uma qualquer instituição policial, o que está em causa é um problema de cultura política.

***

15. OUTUBRO DE 2021, NO DEBATE SOBRE A TERCEIRA VIA:

UM JOGO PERDIDO

Salvo melhor análise, que não estou a ver qual possa ser, é meu profundo convencimento que a terceira via na política brasileira não existe pela simples razão de que não tem base social. A terceira via, se bem entendo o que a expressão significa, representa uma candidatura da direita democrática capaz de derrotar o Presidente Bolsonaro no primeiro turno, para, então, disputar o segundo turno com a esquerda liderada por Lula da Silva. Acontece que a chamada direita democrática não tem existência política, porque se suicidou quando apoiou o golpe parlamentar contra a Presidenta Dilma. Foi a direita dita democrática que inspirou o golpe, que o apoiou e que abriu as portas do inferno. Hoje já não existe nem Temer, nem Serra, nem Aécio. Sérgio Moro surge como o medíocre personagem que nunca deixou de ser. Dória arrasta-se no fundo das sondagens, e Luciano Huck parece desaparecido sem combate. A terceira via é um jogo perdido.

Na verdade, no que diz respeito à próxima eleição presidencial, a direita hesita entre duas possibilidades – substituir Bolsonaro ou ir com ele até ao fim. O dilema ocupou o palco central durante os últimos meses. Para quem, na direita, acredita que só terá futuro se apresentar um compromisso sério com a vida política democrática, a situação é uma desgraça porque continua refém do atual Presidente. Não, não sou adepto de autocríticas, conceito que sempre associei às piores práticas partidárias de eliminação da dissidência. Todavia, o que se deve exigir à direita que se pretende democrática é que faça, sem demora, aquele que é o mínimo político exigível no momento – romper de vez com Bolsonaro. E, francamente, isso ainda não foi feito. Há quem critique, é verdade; há quem se distancie, também é verdade. Mas o que vejo por aí é o cálculo cínico de alguns que veem a candidatura de Bolsonaro como o menor dos males no combate à alternativa de esquerda.

Não será. Nenhum combate ao adversário é leal se for feito em sacrifício da democracia. A democracia e as suas regras de liberdade individual, de soberania popular e de proteção das minorias vêm antes de qualquer escolha de campo ideológico. Depois destes três anos, a obrigação histórica da direita brasileira é afirmar imediatamente, e sem margem para qualquer dúvida, que em nenhum caso votará Bolsonaro. O que vale por dizer – para pôr as coisas claras – que têm obrigação moral, como democratas, de declarar que apoiarão Lula da Silva se este for o candidato contra o atual Presidente no segundo turno. Não, não sou indiferente ao esforço que esta atitude exige a quem se reclama de direita, mas é o único comportamento decente e compatível com o regime democrático. Lamento dizê-lo, mas menos que isto é cumplicidade com Bolsonaro.

Aqueles que querem experimentar ir com o atual Presidente até ao fim, vivem da triste ilusão de que o Presidente mudará. Primeiro, ele mudaria com a eleição, mudaria com o exercício (nesta até eu acreditei). Depois, mudaria com o relacionamento institucional. Depois, mudaria com a pressão internacional. Depois, mudaria com a pressão da opinião pública. E, afinal, nunca mudou porque nunca soube mais do que debitar os velhos e estafados chavões políticos que sempre utilizou durante toda a sua vida política e que lhe serviram para atrair as franjas eleitorais de brasileiros que nunca gostaram da democracia, regime que sempre viram como um governo de fracos. Os seus eleitores são os adeptos do governo forte, do governo para a qual só existe uma única proposta política que é verdadeiramente patriótica, que é a sua, a da tradição nacional, a da pátria. Há um só povo, virtuoso e bom, e depois há os outros, os que não pensam como nós, o não-povo. A questão política central para a direita é quando porá fim a esta deriva populista – se agora, recuperando a reputação democrática, ou se o fará depois das eleições.

Esta é toda a tragédia da democracia brasileira que consiste na dúvida razoável sobre a convicção democrática da direita social brasileira. O *impeachment* de juízes, os tanques na rua e as ameaças explícitas de golpe são insultos frontais à Constituição e ao espírito democrático. No entanto, o Presidente goza ainda nas sondagens de um apoio à sua governação que não deixa outra alternativa que não seja a de, friamente, concluir o que é óbvio – a direita social no Brasil sente-se mais bem representada por Bolsonaro. Ela experimenta ainda uma doce nostalgia quando se refere à ditadura militar. Ela tem horror à igualdade social e acha que a Universidade, como diz o novo Ministro da Educação, "*deveria ser para poucos*".

Há mais de quarenta anos atrás, durante a presidência Gerald Ford, os Estado Unidos concederam ao Brasil um estatuto consultivo especial. Quando perguntado no Congresso se queria fazer do Brasil uma potência mundial, o então Secretário de Estado norte-americano Henry Kissinger respondeu assim: "*o Brasil está a tornar-se uma potência mundial e não precisa da nossa aprovação para isso, sendo nossa obrigação (...) lidar com realidades existentes*". Isto foi dito nos anos 70 e, nessa altura, o Brasil tinha cem milhões de habitantes. Hoje tem mais do dobro. Para quem olha de fora, é absolutamente frustrante ver uma potência mundial sem consciência do seu papel no palco internacional, arrastando-se penosamente no opróbrio mundial. Sim, tudo indica que nada irá mudar e que o próximo ano será como os anteriores. Tudo indica que a direita não terá força para criar uma alternativa. Todavia, na memória histórica, ficará um rasto de fracasso de quem escolheu beber o cálice até o fim. Não, a mudança política não virá da direita, nem de nenhuma terceira via. A batalha pela democracia brasileira será travada pela esquerda.

***

16. NOVEMBRO DE 2021 E SÉRGIO MORO APRESENTA-SE COMO CANDIDATO PRESIDENCIAL:

O KITSCH POLÍTICO

Também assisti ao discurso de apresentação de Sérgio Moro como candidato presidencial e, se aquilo é a terceira via, estamos conversados. O que tenho para dizer é que o personagem está longe de poder ser incluído no género do realismo fantástico sul-americano. O estilo está mais próximo do *vaudeville* europeu ou americano – tudo ali é pobre, triste e medíocre. O homem não sabe falar em público, não tem esse treino, nunca aprendeu a ler em voz alta, nunca se interessou pela declamação, nunca cultivou a eloquência, não tem presença em palco e não sabe ler um papel. Para além disso o seu vocabulário é limitado, previsível e todo o seu discurso se resume ao enfadonho truque de fazer política fingindo que a detesta. Em síntese, e para não vos tomar mais tempo com o discurso de apresentação do candidato, tudo ali me pareceu aflitivo, falso e pechisbeque. Para a direita democrática que sonha com a redenção depois do golpe contra a Presidenta Dilma, este é o pior caminho – nada de bom, de democrático, de inovador, ou de construtivo virá desta candidatura. Poderão dizer, e com razão, que perderão de qualquer forma. Talvez, mas, desta forma, perderão sem dignidade. A dignidade que o PT manteve quando perdeu em 2018 e que lhe permite agora, quatro anos depois, ter uma boa expectativa de vitória.

O personagem não tem espírito, pronto. Aliás, correndo o risco de ser mal interpretado, na comparação com Bolsonaro, acho que sai a perder. O atual Presidente apresentou-se aos brasileiros em toda a sua gloriosa e desarmante ignorância e impreparação e, ao longo destes anos, foi exatamente aquilo que disse que era, para desgosto de alguns que votaram nele achando que o cargo poderia mudar o personagem. Não mudou, mas ninguém se pode queixar que foi enganado. Já quanto ao anterior juiz a palavra que nos ocorre imediatamente ao espírito é a hipocrisia. Dizem para aí que não é tão extremista ou desbragado como o atual Presidente. Não sei, o que sei é que é um impostor. A instrumentalização do cargo judicial, em favor da sua ambição e carreira política, foi um dos atos mais repugnantes da vida pública brasileira. Conspurcou as duas, a política e a justiça. E, por favor, não desvalorizemos a infâmia. A autoridade do juiz não se constrói apenas com o seu curso de Direito ou com o concurso público para o lugar. Ela conquista-se com a imparcialidade. Perdida esta, nada mais resta. Sérgio Moro e o julgamento de Lula da Silva representaram um sério dano na credibilidade da justiça brasileira.

Depois, há ainda um outro aspeto que tem a ver, se assim lhe podemos chamar, com a sua mundivisão. Na tese de doutoramento o antigo juiz escreve, em jeito de agradecimento à sua mulher: *"se é verdade que, atrás de cada grande homem existe uma grande mulher, acrescentaria que, às vezes isso ocorre, mesmo quando se trata de um homem comum"*. *"Mulheres atrás"*, diz ele. O que realmente impressiona é a mediocridade cultural do personagem. A imprensa, à falta de melhor, dedicou-se a elogiar no discurso a melhoria do timbre de voz. O timbre de voz como qualidade política, imaginem. Na verdade, deixem-me dizer-vos, naquele personagem e naquele palco tudo é previsível e falso. Por detrás do pano, nada há senão o vazio. Sérgio Moro é um daqueles personagens criados pelas televisões – e pelos vazamentos que lhes forneceu como contrapartida para a fama. Ali, nada há que seja autêntico, genuíno, humano e, em consequência, que tenha a beleza do que é imperfeito. Aquele é o reino do *kitsch* político que apenas copia: *"arte previsível, com efeitos previsíveis, com recompensas previsíveis"*. Sérgio Moro é a maldição da direita brasileira. Sérgio Moro é o *kitsch* político.

***

17. JANEIRO DE 2022 E OS NOVOS ROSTOS DA ESQUERDA:
TEMPO PARA UM CAFEZINHO?

Quem segue esta coluna sabe que há muito tempo a minha análise da política brasileira é otimista. Enfim, todos os políticos são um pouco profissionais do otimismo e acredito que o fato de estar longe também me deixe menos impaciente com o fim do pesadelo que o Brasil tem vivido nestes anos. Seja como for, há muito que me parecia inevitável o que se está a passar na política brasileira – Lula da Silva com mais de 40% dos votos nas sondagens e a direita em guerra civil pela disputa do lugar no segundo turno, se houver segundo turno. O cenário não podia ser melhor e isso deixa-me livre para fazer aquilo que há muito desejo – o elogio de um político cuja carreira sigo com admiração. Guilherme Boulos.

Boulos é, desde logo, um político jovem, divertido e que não parece carregar nos seus ombros todo o peso dos males do mundo como muitas vezes acontece com as vozes da esquerda. É um homem de bom humor e de quem é fácil gostar. É um político que inspira confiança, mas que tem também a suficiente confiança em si próprio para andar na vida pública e política. Comecei a dar-lhe atenção quando me apercebi da defesa pública sem falhas que fez de Lula da Silva, denunciando a utilização do sistema judicial na perseguição do inimigo político, denunciando as injustiças do seu processo e a prisão sem provas. Sendo de outro partido, essa posição de radical solidariedade sensibilizou-me muito – não cedeu ao que era fácil e enfrentou, corajosamente, em nome das suas convicções, a tempestade do chamado antipetismo. Não, não foi na onda, não se deixou determinar pelo cálculo político e pela vantagem pessoal. E também não recorreu à vulgar tradição política de superioridade moral que costuma ser um mal de que a esquerda costuma padecer. Estas atitudes de grandeza são raras e são próprias de grandes políticos. Depois, é um político culto, preparado e com imaginação. É um político eloquente e que já prestou provas de capacidade executiva na direção do movimento que lidera. A ele não será preciso dar aulas de economia política nem ter nenhum "Posto Ipiranga", como vocês dizem aí, com muita graça. Pensa pela própria cabeça e com independência de espírito. Ganhou as suas esporas na campanha de São Paulo, que fez dele um político nacional e de primeiro plano. Fez uma campanha criativa, envolvente, programática e que não foi marcada por qualquer ressentimento ou ajuste de contas sociais, mas pela superioridade de um programa político de modernidade e de justiça social. No final, quis-me parecer que até a burguesia de São Paulo olhou para ele com simpatia e como um fenómeno político digno de respeito. Passou ao segundo turno, e isso fez dele o único ganhador daquelas eleições. O único nome que ficou. É muito raro acontecer este fenómeno de umas eleições serem recordadas não pelo nome dos vencedores, mas dos vencidos. Essas eleições municipais transformaram o nome de Guilherme Boulos numa liderança nacional.

Gosto particularmente de um aspeto singular da sua carreira política e que consiste no fato de nada lhe ter sido oferecido e de tudo ter conquistado em combate. Tal como Lula da Silva, também ele não é um personagem criado artificialmente por um qualquer aparelho político de poder, mas alguém que se fez a si próprio. Guilherme Boulos é um político com povo. E isso faz toda a diferença. Nas próximas eleições não apenas está em causa a mudança política no Brasil e o novo ciclo pós-Bolsonaro mas em causa estará também a afirmação política da nova geração de lideranças de esquerda. Guilherme Boulos faz parte desse futuro. E por mérito próprio. Bravo.

***

18. MARÇO DE 2022, NA INVASÃO DA UCRÂNIA:

O DUPLO MUNDO

Em 1988 o dirigente soviético Georgi Arbatov afirmou perante uma audiência americana que *"lhes iriam fazer lhes uma coisa terrível – vamos privar-vos de um inimigo"*. Trinta anos depois, a agressão da Rússia à Ucrânia devolve o inimigo ao Ocidente e dá-lhe alguém a quem odiar profundamente – o Presidente Putin. A brutal e injustificada invasão constituiu um sério abalo na reputação da Rússia enquanto potência mundial e deu um novo fôlego político à União Europeia e à Otan. A guerra da Ucrânia tem todo o potencial para vir a ser registada na história como o início de qualquer coisa nova na organização política global.

As interessantes discussões sobre a nova ordem mundial destes últimos anos costumam girar à volta de duas visões alternativas – para uns deveria assentar num acordo entre as principais potências capaz de impulsionar a cooperação multilateral; para outros, aquela ordem deveria resultar do estabelecimento de esferas de influência que, uma vez respeitadas, constituiriam um equilíbrio de poder entre potências capaz de oferecer segurança a todos e, desta forma, assegurar a paz no mundo. No entanto, como muitas vezes aconteceu no passado, o debate em curso foi subitamente interrompido pela História que insiste em lembrar-nos de que as diversas "ordens mundiais" sempre resultaram mais da contingência política e do incidente fortuito do que de doutrinas estratégicas previamente concebidas. Mais ainda – a força dominante por detrás delas foi sempre o medo e o ódio ao inimigo, não o desejo de cooperação na construção de um mundo melhor. O que quero dizer é que, infelizmente, as ordens políticas mais fortes nasceram de forma negativa – nunca foi acerca do que queriam os diferentes países, mas do que não queriam; nunca foi acerca de cooperação, mas de alianças para fazer frente aos inimigos comuns. Este momento, infelizmente, não é diferente. O que quer que seja que esteja a nascer desta situação de guerra, ela trará consigo a lógica da exclusão baseada no medo e no desprezo do inimigo. Para a escola cínica das relações internacionais, que também se diz realista, nada de novo debaixo dos céus.

Duas semanas depois da invasão, é já possível identificar a linha de força da nova ordem em construção – a separação dos mundos. Dois campos, dois blocos políticos, dois mundos. De um lado, a China e a Rússia compondo o núcleo essencial de um bloco; do outro, os Estados Unidos formando, com os países do G7, a vanguarda do grupo ocidental. As sanções impostas à Rússia são um claro sinal destes tempos – separação dos sistemas financeiros; separação das economias; separação das empresas; separação das viagens aéreas; separação das ofertas culturais. A divisão da internet em duas pode muito bem ser o próximo passo – os telefones de um lado não funcionarão no outro, as contas de emails de um lado não estarão ligadas ao outro, as aplicações eletrónicas de um lado não serão utilizadas no outro. Até o desporto, que no passado sempre resistiu à pressão política da escolha de lados na Guerra Fria, resolveu entrar agora no jogo político de exclusão, banindo a Rússia das competições desportivas globais. Este parece ser o duplo mundo que nos aguarda – dois mundos físicos, dois mundos digitais.

Na verdade, este movimento de exclusão económica não é novo, mas foi agora fortemente acelerado pela guerra. Há muito que as economias ocidentais colaboram para criar restrições à China na economia global pela simples razão de lhes ser impossível aceitar que foi ela, a China, a vencer a batalha da globalização – e a vencer com as regras do Ocidente e com as instituições criadas pelo Ocidente. A mais ostensiva operação de exclusão são as restrições impostas à empresa chinesa Huawei, a mais importante fornecedora de tecnologia 5G, no acesso aos mercados de equipamentos de telemóveis do mundo ocidental. As razões invocadas são de segurança nacional, mas na verdade as ameaças de segurança a que se referem resultam do sucesso económico da China. Nada mal para os defensores do livre mercado.

No fundo, é possível identificar no atual discurso ocidental um desejo não confessado de regresso ao mundo da Guerra Fria que, bem vistas as coisas, talvez não fosse assim tao mau. Nesse mundo estávamos a ganhar e ainda nos lembramos dele como um mundo seguro. A consequência deste discurso é obvia – todo o esforço de globalização dos últimos anos foi uma perigosa ilusão. A ideia de que poderíamos viver sem inimigos, a ideia de que poderíamos construir uma ordem à escala global baseada nos valores da cooperação e do direito internacional não passou, afinal, de uma aventura estouvada que deixou de lado as preocupações de segurança. Um pouco por todo o mundo, em especial na Europa, o discurso dominante é agora o do medo e da desconfiança – mais exércitos, mais armas, mais orçamento de defesa. Pela primeira vez desde 1945 a Alemanha decide armar-se, e a Europa aplaude a mudança. Não há dúvida de que a cultura política mudou.

Durante os quase trinta anos que se seguiram à Guerra Fria muitos de nós tentaram centrar o debate político internacional na organização da globalização – a economia mundial, o ambiente global, a informação global, as doenças globais. Foi um tempo em que a lógica da política se virou para a abertura política, para o fim das fronteiras económicas, para o mercado global e para a necessidade de construir instituições supranacionais capazes de produzir bens públicos globais. Nas palavras de Bill Clinton, talvez o maior arauto político desses novos tempos, *"a globalização não é algo que nós possamos desligar ou ligar. É o equivalente a uma força da natureza – como o vento e a água"*. Estas palavras podem parecer hoje ingénuas, mas por detrás delas estava um pensamento: um só mundo, um só planeta, uma agenda de cooperação mundial.

Ninguém tinha ilusões. A globalização política e económica não acabaria com o conflito político nem significaria o fim da história. Os debates sobre a globalização e sobre a melhor forma de a regular continuaram ferozes ao longo dos anos. No entanto, estes debates tinham como pano de fundo uma visão política cosmopolita capaz de deixar de lado os fantasmas políticos da terra e do sangue que sempre trouxeram consigo o nacionalismo e a xenofobia. Essas discussões parecem agora postas de lado à medida que são lentamente substituídas pela paranoia do medo e da segurança nacional. Nesta loucura que parece agora varrer o mundo, fazem falta as vozes dos países não alinhados, dos países que defendem a paz, o direito internacional e a resolução pacífica dos conflitos. Nenhum dos grandes problemas mundiais – nem sequer os de segurança – terá solução sem cooperação à escala global. É por essa razão que o caminho de dividir o mundo em dois blocos me parece ser tão desesperante. Face ao que vejo, não consigo deixar de pensar que a humanidade é capaz de fazer melhor.

***

19. SETEMBRO DE 2022 E O DEBATE SOBRE A POLARIZAÇÃO:

BEBER O CÁLICE ATÉ O FIM

Por favor, nada de confusões, o problema democrático do Brasil não é a polarização, mas a violência. A primeira faz parte do jogo democrático; a segunda tenta destruí-lo. Desculpem usar uma palavra tão forte, mas sempre me pareceu um pouco idiota a queixa da polarização num regime presidencial disputado em dois turnos. Todos os sistemas presidenciais tendem para o duplo polo, tal como o sistema norte-americano, de onde toda a América Latina herdou a cultura política presidencial (por oposição à tradição parlamentar europeia). Na verdade, não é isso que lamentam os aflitos da polarização. As queixas pretendem apenas disfarçar a amarga frustração da direita democrática por não ter um candidato competitivo. Percebo-os muito bem, mas, se me permitem argumentar, o problema é sério demais para se resolver esperneando. A primeira verdade que a direita democrática tem de enfrentar é a de que o seu problema não é o do sistema, não é um problema da democracia, não é problema do regime – é apenas o seu problema.

A violência não é a política por outros meios, é apenas o fracasso da política. Se a política se baseia, como diz Hannah Arendt, na *pluralidade humana*, então a política serve justamente para arbitrar essa pluralidade e construir soluções coletivas legítimas para os problemas que dizem respeito à vida coletiva, ou ao *vivre ensemble*, como a literatura política francesa gosta de dizer. Neste sentido, o assassinato de Marcelo Arruda, dirigente do PT, por um ativista político bolsonarista foi um ato contra a política. Aqueles tiros foram tiros na política. E o pior, o mais revoltante, é a justificação da tragédia com a polarização política. Na verdade, o que essa gente quer dizer é que não há inocentes nesta história e que ambos os lados têm culpa. Como se não houvesse vítima e atacante. Como se não houvesse um agressor e um morto. Como se não houvesse crime.

Se bem percebo o que quer dizer essa gente da *polarização*, a esquerda tem também culpa por não ter colaborado no seu próprio banimento político. Faz-me lembrar as vítimas dos processos de Moscovo que, depois da confissão e já devidamente encostados ao paredão, ainda eram obrigados a gritar *"viva Estaline"*. A culpa da esquerda, se bem os entendo, foi não ter aplaudido o seu próprio pelotão de fuzilamento durante o golpe parlamentar contra a Presidenta Dilma Roussef e depois da prisão de Lula da Silva. A esquerda é culpada por ter lutado democraticamente pela sua própria sobrevivência e com isso ter criado a tão odiosa polarização. A culpa da esquerda foi não aceitar a criminalização do seu principal partido. Pior ainda, a culpa da esquerda foi ter saído das eleições com 47 milhões de votos. E, finalmente, não esquecer que a última culpa da esquerda é estar à frente de todas as pesquisas. No fundo, no fundo, a responsabilidade da esquerda é existir. Problema existencial – a existência da esquerda torna-a responsável pelo ódio do adversário político. Pronto, eis a doutrina da polarização – são ambos culpados, os que odeiam e os que, existindo, provocam o ódio dos outros.

Mas o mal, podemos dizer assim, é geral. Os sinais de violência no Brasil, no Chile e na Argentina são os mesmos que vemos na Europa. Na Itália, estamos à beira de ver algo nunca visto depois da Segunda Guerra Mundial – a extrema-direita italiana provavelmente vai ser o partido mais votado nas próximas eleições e o Primeiro-Ministro (neste caso a Primeira-Ministra) sairá das fileiras do partido que reclama a herança política de Mussulini. Um pouco por toda a Europa as dificuldades da guerra e da economia deixam espaço livre à retórica extremista. Aqui em Portugal, por exemplo, o líder da extrema-direita, evocando um episódio histórico, sugeriu que talvez se devesse atirar o Primeiro-Ministro pela janela. E ria-se, ria-se muito com a piada. Nos Estados Unidos a derrota de Trump não derrotou de vez a extrema-direita. Na semana passada tivemos que assistir ao espetáculo inédito de um Presidente americano a fazer um discurso, inédito e solene, com o único propósito de lembrar ao partido republicano que o seu comportamento político ameaça a democracia americana. A América, que sempre se viu a si própria como "cidade no topo da colina" iluminando com o seu exemplo o resto do mundo, enfrenta um sério problema existencial. No Brasil, o problema não é a polarização, o problema é a direita estar refém da extrema-direita e, nesta situação, é difícil ganhar eleições, porque perderá o eleitor moderado, o eleitor que não faz prévias escolhas ideológicas e que aprecia tudo o que é equilibrado, comedido, sem ruturas. Esse é verdadeiramente o problema da direita democrática – como se ver livre de Bolsonaro. O problema não é a polarização, é Bolsonaro. No entretanto, não acredito que o problema da direita tenha solução imediata. Não tem. No entretanto, beberá o cálice até ao fim.

***

20. OUTUBRO DE 2022, NA NOITE DA VITÓRIA ELEITORAL:
JÁ É OUTRO DIA

Esta vitória vem de longe. Vem da violência do golpe parlamentar, do embuste da Lava Jato e da cassação dos direitos políticos. Esta batalha cresceu na prisão, suportou a parcialidade da imprensa e as ameaças do partido militar. Esta vitória vem muito de trás, vem da noite eleitoral de há quatro anos, dos 47 milhões de votos conquistados, dos vários governadores eleitos, da maior bancada do Congresso e da grandeza com que os dirigentes do Partido dos Trabalhadores se entregaram à luta política. Bem vistas as coisas, esta vitória começou na derrota de 2018.

Esta vitória vem da provação e da dignidade com que Lula da Silva enfrentou a longa batalha que visava ao seu próprio banimento político e do coração limpo com que dela saiu. A vitória vem daí, desses tempos sombrios em que nada restava senão a coragem. Esta vitória vem também da confiança num projeto político capaz de voltar a unir a nação brasileira e a pôr de lado o ódio político. Esta foi a vitória da tolerância – de quem veio para estender a mão e convidar a um novo começo. Esta vitória é uma extraordinária história de resistência e de unidade de democratas em defesa do pacto constitucional. E depois, como presente que nos é oferecido apenas por capricho, tivemos ainda o supremo gosto de ver Sérgio Moro atuando nos últimos dias como conselheiro do Presidente. Tudo naquele personagem remete a esse passado sombrio e triste que acaba esta noite. Sim, a vitória não ficaria completa sem ele.

Esta noite celebra-se o regresso da alegria, essa luz no coração de que falava Vinícius de Moraes. E a alegria no Brasil é todo um programa político. Sobre as consequências para a política brasileira é cedo para dizer e talvez nem venha ao caso pensar nisso agora, que queremos apenas festejar. Mas julgo não me enganar se disser que esta noite vai ter consequências muito significativas nos dois lados do espectro político. A esquerda sai da tormenta com a descoberta de que, afinal, as garantias constitucionais não são liberdades burguesas, mas um património político que deve conservar. Para a direita, essa que quis beber o cálice de Moro e Bolsonaro até o fim, sairá desta noite percebendo que o golpismo, o radicalismo e a violência política não ganham eleições porque alienam o centro político moderado que é absolutamente necessário para obter qualquer vitória eleitoral. Mas isso é análise que terá o seu tempo, agora é hora de celebrar.

O futuro logo se vê. Hoje, já é outro dia.

NOTAS

NOTAS

NOTAS

NOTAS

NOTAS

NOTAS

A Editora Contracorrente se preocupa com todos os detalhes de suas obras! Aos curiosos, informamos que este livro foi impresso no mês de julho de 2023, em papel Pólen Soft 80g, pela Gráfica Copiart.